Peter Köster

Psalmen beten

Geistliche Auslegung ausgewählter Psalmen

Peter Köster

Psalmen beten

Geistliche Auslegung ausgewählter Psalmen

eos

Umschlag:
Helmut Kästl, Baum des Lebens, Vorhängescheibe,
Echt-Antikglas, Schwarzlotmalerei, 69 x 46 cm.

1. Auflage 2026
Deutsche Erstausgabe

mail@eos-verlag.de
www.eos-verlag.de

ISBN 978-3-8306-8333-9
eISBN 978-3-8306-1288-9

Bibliografische Information der Deutschen Bibliothek
Die Deutsche Bibliothek verzeichnet diese Publikation
in der Deutschen Nationalbibliografie; detaillierte
bibliografische Angaben sind im Internet unter
http://dnb.ddb.de abrufbar.

Inprint GmbH, Erlangen
Printed in Germany

Die Psalmen gehören zu den
großen Dichtungen der Weltliteratur.
Sie sind das gemeinsame Lieder- und
Gebetbuch von Juden und Christen …
Die Psalmen sind poetisch verdichtetes Leben.
In ihnen spricht das Leben selbst –
Vor allem mit der Leidenschaft,
dass es als erfülltes und heilvolles Leben
vor und mit Gott gelebt werden will.
Das ist die existenzielle Dimension der Psalmen:
Sie suchen und feiern das Leben
als ein Geschenk Gottes.

Erich Zenger

Ich habe die Nacht einsam hingebracht
in mancher inneren Abrechnung
und habe schließlich die Psalmen gelesen,
eines der wenigen Bücher,
in dem man sich restlos unterbringt,
mag man noch so zerstreut und ungeordnet
und angefochten sein.

Rainer Maria Rilke

In den Psalmen findet ein jeglicher,
in welcherlei Sache er ist,
Psalmen und Worte drinnen...,
die sich auf seine Sache reimen
und ihm so eben sind,
als wären sie allein um seinetwillen also gesetzt,
dass er sie auch selbst nicht besser setzen
noch finden kann noch wünschen mag.

Martin Luther

Inhalt

Einführung in die Psalmen

1. Zur Entstehung des Psalters

Israels Psalmendichtung ist in einigen Jahrhunderten des 1. Jt. v. Chr. entstanden, als die großen Nachbarkulturen im Norden (Altsyrien), Osten (Mesopotamien) und Südwesten (Ägypten) je nach Kulturkreis bereits auf gut ein Jahrtausend großer Gebetsliteratur zurückschauten. Dieses Umfeld hat, wie die Geschichte des Scheiterns des Nord- und Südreiches, Israel und Juda, auch in den Psalmen Spuren hinterlassen. Auch Traditionen der weltweiten Diaspora haben ihren Weg in die normativen Sammlungen des zweiten Tempels gefunden. Das Psalmenbuch ist das Ergebnis eines komplexen Entstehungsprozesses, der seine Endgestalt der pharisäischen Tradition verdankt, die um 100 n. Chr. den Kanon der hebr. Bibel endgültig festgelegt hat. Der jetzige Psalter ist als „Gebet und Lebensbuch“ (E. Zenger) oder als „Trostbuch“ (D. Böhler) für die persönliche Frömmigkeit zusammengestellt worden.

Die älteste vollständig erhaltene Abschrift des hebr. Psalters findet sich in dem 1008–1009 in Alt-Kairo geschriebenen Codex Petrogradensis (B19a). Die Psalmenhandschriften vom Toten Meer sind aus den Jahrhunderten um die Zeitenwende und dokumentieren die bisher ältesten erhaltenen Handschriften. Sie sind aber allesamt fragmentarisch.

Die übereinstimmende Abfolge der 150 Psalmen im masoretischen Psalter und in der Septuaginta gibt die Version des zweiten Tempels wieder. Sie ist aber nicht von allen akzeptiert worden. Für das Übersetzungsvorhaben der hebr. Bibel ins Griechische (2. Hälfte des 2. Jh. v. Chr.) hatte kaum eine andere Stadt als Alexandria vergleichbare Voraussetzungen: Ein großer Teil der Bevölkerung war jüdisch mit deutlich hellenistischer Prägung und zugleich starker Bindung an den Jerusalemer Tempel. Zudem hatte diese Weltstadt ein hohes Niveau in Bezug auf die Wissenschaften und Bibliotheken sowie die Übersetzungs- und Kopierkunst. Die griech. Übersetzer haben die poetische Formgebung der Psalmen auf ihre Weise bewahrt.

2. Zu den Überschriften und Sammlungen der Psalmen

Bei den Überschriften steht am häufigsten die Notiz „in Bezug auf David" (ein Psalm Davids): Im hebr. Psalter 73 mal, in der Septuaginta 85 mal. Der Midrasch Tehillim urteilt in der Auslegung von Ps 1: „Mose gab den Israeliten die fünf Bücher der Tora, und David gab den Israeliten die fünf Bücher der Psalmen." Doch so wenig wie Mose die Tora verfasst hat, ist David der Verfasser der Psalmen. Was kann mit den Worten des Midrasch gemeint sein? Der Freund JHWHs vom Sinai und der Erwählte auf dem Zion werden als Mittler und Schutzherren der ihnen anvertrauten Worte in Gebot und Gebet gesehen. Für die Psalmen wird also David als Autorität und Sänger identifiziert. Die Psalmen, die diese Überschriften tragen, stammen jedoch aus einer Zeit, in der die

Zuordnung der Urheberschaft eines Textes zu einem Autor noch weithin unbekannt ist. Wohl hat man bestimmte Texte angesehenen Personen zugeschrieben. In diesem Sinne ist der häufige Bezug Davids zu den Psalmen zu verstehen. Ein Psalm mit der Überschrift „in Bezug auf David“ erweist also den Text als hoch geschätzt und bewährt. Wer immer diesen Text betet, tut es in der Nachfolge Davids, des großen Königs und Sängers, aber auch des großen Sünders. Die Überschriften sind mit Hinweisen aus seiner Lebensgeschichte angereichert, wie sie uns aus den beiden Samuelbüchern bekannt sind.

Neben der Zuschreibung von Psalmen an David: Ps 3–41; 51–72; 138–145, werden auch den Söhnen Korachs: Ps 42–49; 84f.; 87f.; und dem Asaph: Ps 50; 73–83 zugeschrieben. Sie haben im Alten Testament keine so herausragende Stellung wie David. Hinter diesen Namen stehen aber vermutlich alte Traditionen, die durch die wachsende Dominanz Davids nicht verdrängt werden konnten. Außer den drei genannten Namen kommen auch noch einige wenige wie z.B. Mose und Salomo vor.

Manche Überschriften haben auch Hinweise für die musikalische Gestaltung und für die entsprechende Instrumentalbegleitung wie Saitenspiel und Flötenspiel u.a.. Das lässt darauf schließen, dass die Musik für die Gebetspraxis in der Zeit des zweiten Tempels von nicht geringer Bedeutung war. Bei der Auslegung werden die Überschriften und Hinweise zur musikalischen Begleitung der Psalmen nicht weiter berücksichtigt.

Die meisten Bibelausgaben gliedern den Psalter in fünf Bücher: Ps 1–41; Ps 42–72; Ps 73–89; Ps 90–106; Ps 107–150.

3. Vom Reichtum der Psalmen, ihrer Weite und Tiefe

Die Psalmen sind Israels Antwort auf die beglückenden Erfahrungen von JHWHs Zuwendung und auf die schmerzlichen Erfahrungen existenzieller Not mit Seiner Rätselhaftigkeit und Seinem Schweigen. Hier kommen die Stimmen aus allen Schichten des Volkes zu Wort.

Das facettenreiche theologische Profil des Psalters und seine dadurch ermöglichte reiche Wachstumsgeschichte bietet den Menschen in allen denkbaren Situationen seines Lebens Worte an, mit denen er sich vor Gott zur Sprache bringen und sich mit dem Gebetstrom der Psalmenbeter auf der weiten Welt verbinden und von ihm tragen lassen kann. Die Formulierung der Psalmen für den primär individuellen Gebrauch nimmt exemplarisch existenzielle Not und Freude in den Blick – konkret genug, dass sich der einzelne Beter darin wiederfinden kann, und weit genug, dass viele davon Gebrauch machen können. Die Sprache ist in der Regel poetisch, sie ist bildreich, theologisch weit gefächert, stilistisch vielfältig, immer auf gehobenem Niveau.

Bei der Rezitation, Wiederholung und Meditation der Psalmen fällt auf, dass es im ganzen Psalter inhaltliche Bezüge und Stichwortverbindungen gibt. Durch die sukzessive redaktionelle Zuordnung haben die Psalmen jeweils eine Sinnerweiterung und neue

Verständnismöglichkeiten erhalten. Die von mir hier vorgelegte Auslegung verzichtet weitgehend darauf, diese Zusammenhänge im Einzelnen aufzuzeigen.

Die Psalmen sind Vorwegnahme und Einübung des endzeitlichen Festes, wo „Gott alles in allem ist". Auf diese Vollendung sind Schöpfung und Geschichte von Anfang an angelegt. Auch wenn viele einzelne Psalmen konkrete Anlässe haben und bestimmte Absichten verfolgen, so zielen sie als Teile des ganzen Psalmenbuches doch auf dieses große Finale hin, wo alle Menschen und Völker, wo „alles, was Atem hat", zum gemeinsamen Gotteslob zusammengeführt werden. Wo Menschen Psalmen beten, stellen sie sich in eine Gemeinschaft, die über Jahrtausende ihre Stimme zu Gott erhoben hat. Als Christen „beten wir die Psalmen in der Nachfolge Jesu und in der Gemeinschaft mit ihm ... Durch ihn dürfen wir zusammen mit Israel als Glieder des einen Volkes Gottes zum HERRN beten" (Georg Braulik).

Johannes Cassian (4. Jh.) empfiehlt, die Psalmverse im Rhythmus des Atems zu wiederholen, um in das innere Beten zu finden.

4. Zu dieser Auswahl von dreißig Psalmen

Der Schatz jüdischer Psalmen war weitaus umfangreicher als die im biblischen Psalmenbuch zusammengestellte kanonische Auswahl, die dann von der Kirche übernommen wurde. Die von mir vorgelegte Auswahl der Psalmen ist subjektiv. Ich habe Texte ausgewählt und auf fachexegetischer Grundlage ausgelegt, sowie mit einigen Anregungen und Impulsen versehen, die eine deutliche Resonanz bei mir ausgelöst haben. Dabei war es mir ein Anliegen, die Auslegungen verständlich, knapp und kompakt zu gestalten und den Raum der Begegnung mit dem Geheimnis Gottes für die Leser*innen und Beter*innen nicht einzuschränken. Bei der Auslegung waren mir vor allem die Publikationen von Erich Zenger, Hermann Spieckermann und Dieter Böhler eine wertvolle Hilfe.

Nirgendwo sonst in der Bibel kommt das Leben vor Gott in solcher Bandbreite und Dichte zur Sprache wie gerade in den Psalmen: Da wird gelacht und geweint, gejubelt und aus tiefer Not geschrien. Da wird geklagt und gezweifelt, erbarmungslos gesprochen und leidenschaftlich gehadert. Da wird gesprochen von den Frieden, in den ein Mensch durch Gott hineingerät, von dem Vertrauen, das er zurückgewinnt, von der Freude und dem Dank, der das Herz zerspringen lassen möchte. Kurz: das gesamte Leben – so wie es ist – kommt hier vor Gott zur Sprache. Ich habe mich auf die vier Grundformen der biblischen Psalmendichtung beschränkt: dem Lob- (Hymnus) und Dankpsalm, dem Klage- und Bittpsalm.

Wenn wir beten wollen, finden wir nicht immer die Worte, die „vor dem Geheimnis Gottes“ zum Ausdruck bringen, was uns im Herzen „bewegt“. Da ist es gut, dass es Gebetsworte aus der jahrtausendelangen Tradition des Gottesvolkes gibt, die durch Vertrauen und Hingabe von Generationen geheiligt sind. Vielleicht ist es möglich, unser Herz für solche Worte zu öffnen und uns ihrer Kraft anzuvertrauen, auch wenn sie unser momentanes Fassungsvermögen übersteigen und unserer augenblicklichen Stimmungslage nicht entsprechen. „Es bringt uns weiter, wenn wir das Echo der Musik der Jahrhunderte in uns wiedererwecken, als wenn wir auf der zersprungenen Flöte des eignen Herzens spielen“ (Abraham Joshua Heschel).

Ich empfehle, diese Psalmen nach Möglichkeit laut und wiederholt Vers für Vers zu sprechen, um das „Echo ihrer Musik“ im eigenen Herzen zum Klingen zu bringen und es in Schwingung zu versetzen, diesem Klang und dieser Schwingung Raum zu geben, bis sich eines Tages eine Resonanz ergibt, die meinem Verlangen oder meiner Angst, meiner Trauer oder meiner Hoffnung entspricht, eine Resonanz, die mich über mich hinauszieht, sodass ich gestärkt und getröstet zurückbleibe. Wir müssen uns bewusst bleiben, dass nicht die ganze Erfahrung eines Psalms sich auf einmal erschließt. Sie wächst allmählich, wenn wir bei den Worten eines Psalms verweilen, die mit ihrer Fülle und Kraft, mit ihrem Geheimnis immer mehr ans Licht treten und unser Herz weit werden lassen. Unser Gebetsschatz kann sich erweitern, wenn wir einige Psalmen auswendig lernen.

Für die kritische Durchsicht des Manuskripts gilt mein besonderer Dank meinem Mitbruder, dem Alttestamentler Dieter Böhler SJ (Frankfurt, Sankt Georgen).

Peter Köster SJ

Psalm 1 –
Freude an der Weisung des Herrn

1 (Glück)selig,
wer nicht dem Rat der Frevler folgt,
nicht auf dem Weg der Sünder geht,
nicht im Kreis der Spötter sitzt,
2 sondern Freude hat an der Weisung des Herrn,[1]
über sie nachsinnt[2] bei Tag und bei Nacht.
3 Er ist wie ein Baum, der an Wasserläufen[3] gepflanzt ist,
der Frucht bringt zu seiner Zeit
und dessen Blätter nicht welken.
Alles, was er tut, wird ihm gelingen.

4 Nicht so die Frevler,
sie sind wie Spreu, die der Wind verweht.

5 Darum werden die Frevler im Gericht nicht bestehen,
noch die Sünder in der Gemeinde der Gerechten.
6 Denn der Herr kennt den Weg der Gerechten,
der Weg der Frevler aber wird sich verlieren.

Hinführung: Psalm 1 steht programmatisch als Einladung zum Beten am Anfang des ganzen Psalters (1–150) und macht darauf aufmerksam, dass die gelebte Treue zur Weisung (Tora) JHWHs Voraussetzung für rechtes Beten ist. Der Psalm beginnt mit dem ersten Buchstaben des hebräischen Alphabets *(alef)* und en-

---

1 Hebräisch: JHWH.
2 Wörtlich: wiederkäuen, leises Vor-sich-hin-Murmeln von Texten, meditieren.
3 Gemeint sind künstlich angelegter Wasserläufe, die eine ständige Wasserversorgung gewährleisten.

det mit einem Wort auf den letzten Buchstaben (*tau*). Auf diese Weise gibt er in knapper Form die notwendigen Hinweise für ein toratreues Beten „von A bis Z" und damit die Unterscheidungskriterien für die Einheit von Leben und Gottesbeziehung. Er verlangt vom Beter nichts weniger als eine Entscheidung zum Beten aufgrund der Toratreue als Lebensform.

Ähnlich weist Ignatius von Loyola in der ersten Anmerkung des Exerzitienbuches (EB 1) darauf hin, dass die Geistlichen Übungen ein ganzheitliches Geschehen sind mit dem Ziel, in der Ausrichtung des Lebens auf Gott seelisch-geistig zu gesunden, heil zu werden und so auf jene einmalige Ganzheit hin zu wachsen, zu der jeder Mensch von Gott angelegt ist. Die erste Anmerkung verlangt also von den Übenden nichts weniger als die Bereitschaft, innerlich frei zu werden von allen Abhängigkeiten und Anhänglichkeiten, die ihrem Menschsein und ihrer tiefsten Bestimmung widersprechen, und sich entschieden zu öffnen für eine konsequente Lebensgestaltung, die aus der Verbundenheit mit dem Herrn lebt und ihr entspricht. Ignatius nennt das *familiaritas cum Christo*, d.h. vertraute Nähe und ehrfurchtsvolle Distanz zu Christus.

1. V. 1–3: Der Psalm beginnt mit der Seligpreisung eines Menschen, der die Entscheidung gefällt hat, sein Leben nach der Weisung (Tora) JHWHs auszurichten, d.h. nach den fünf Büchern Mose, nach den Propheten, die die Tora auslegen, und nach den Schriften. Ihm werden drei Gruppen von Menschen gegenübergestellt, die sich wenig voneinander unterscheiden, weil sie alle eine Lebenswahl nicht nur ohne Gott, sondern gegen ihn getroffen haben: *Frev-*

ler, Sünder und *Spötter.* Mit der ersten Gruppe sind Menschen gemeint, die eine Form von Autonomie nach eigenem Gutdünken und persönlichem Vorteil praktizieren. Sie wollen ihr eigener Herr bleiben und sehen ihr Ziel in einer Form von Selbstverwirklichung ohne ethische Basis und Ausrichtung. Sie sind haltlose, beziehungslose und beziehungsunfähige Menschen. Vielleicht gehören die *Sünder,* d.h. Menschen, die ihr Lebensziel leichtsinnig verfehlen, in die gleiche Gefährdergruppe. Am gefährlichsten aber sind die *Spötter,* denen nichts heilig ist und die sich über alles lustig machen können.

Die ihnen zugeschriebenen drei Verben *„folgen"* oder eingehen auf, *„gehen"* oder betreten, d.h. ihre Lebensweise übernehmen und *„sitzen"* oder zu ihnen gehören – sind noch einmal eine Steigerung in Form von Sich-einlassen auf eine Lebensweise, die einen Menschen nicht „glückselig" machen kann. Die drei Negationen beschreiben die konsequente Weigerung, sich auf die genannten Milieus auch nur annähernd einzulassen. Der selig Gepriesene weiß, was er an der Weisung des Herrn hat, sodass er sich unablässig in sie vertieft: Er zitiert ihre Texte leise murmelnd vor sich hin und nimmt sie nach und nach in sich auf. In der häufigen Wiederholung findet er zum Kern ihrer Botschaft.

Die unmittelbare Nähe zur Weisung des Herrn und die Entschiedenheit, sein Leben aus dieser Kraftquelle zu gestalten, lässt das Leben des Beters nach eigenen Wachstumsgesetzen fruchtbar werden. Es gleicht einem Baum, der an künstlich angelegten Wasserläufen gepflanzt ist, sodass er unablässig mit ausreichend Wasser versorgt wird und zu seiner Zeit, d.h. wie der Schöpfer es ihm eingestiftet hat, Früchte hervorbringt. Sein frisches Laub ist Zeichen für seine unverbrauchte Vitalität und Ausstrahlung. Im Vertrauen auf JHWHs Wort vollbringt er die guten Werke, die Gott ihm im Voraus bereitet hat (vgl. Eph 2,10). Dieser Einklang lässt sein Leben gelingen und führt es zur Vollendung.

2. V. 4: Ganz anders verläuft das Schicksal der *Frevler*. Sie gleichen der Spreu, die beim Worfeln des gedroschenen Getreides auf der Tenne nach oben geworfen und sofort vom Wind verweht wird. Sie sind substanzlos, haltlos und verschwinden total von der Oberfläche der Erde. Ähnlich beschreibt Jeremia diesen Kontrast zwischen der Instabilität und Nichtigkeit der Frevler sowie der Stabilität und Kontinuität des Seliggepriesenen (Jer 17,5–8):

> 5 Verflucht der Mensch, der auf Menschen vertraut,
> auf schwaches Fleisch sich stützt,
> und dessen Herz sich abwendet vom Herrn.
> 6 Er ist wie ein Strauch in der Steppe,
> der nie Regen kommen sieht;
> er wohnt auf heißem Wüstenboden,
> im Salzland, das unbewohnbar ist.
> 7 Gesegnet der Mensch, der auf den Herrn vertraut,
> und dessen Hoffnung der Herr ist.
> 8 Er ist wie ein Baum, der am Wasser gepflanzt ist
> und zum Bach seine Wurzeln ausstreckt:
> Er hat nichts zu fürchten, wenn Hitze kommt,
> seine Blätter bleiben grün;
> auch im trockenen Jahr ist er ohne Sorge.
> Er hört nicht auf, Frucht zu tragen.

Das Bild vom Worfeln, bei dem die Spreu vom Getreide getrennt wird, ist eine Anspielung auf das Endgericht, das in den letzten beiden Versen des Psalms ausdrücklich benannt wird.

3. V. 5–6: Mit der dritten Strophe wird die Konsequenz aus den gegensätzlichen Lebenskonzepten gezogen: Am Ende treten die „Gerechten" als Gruppe auf und stehen den „Frevlern" und „Sündern" direkt gegenüber. In dieser Konfrontation können die Frevler und Sünder sich nicht mehr behaupten. Sie müssen erkennen, dass der Weg, den sie gewählt haben, kein Ziel hatte und deshalb ins Leere läuft. Ihr Autonomiestreben war reiner Selbstbetrug und hinterlässt eine enttäuschte und verkümmerte Existenz, die sich irgendwo im Nichts verliert.

Der Weg der Gerechten, der Saddikim, aber führt sie nun endgültig und tiefer in die Nähe JHWHs, die sie schon zu Lebzeiten durch ihre Liebe zur Tora erfahren haben und die ihnen Kraft, Weite und Trost gab, wenn sie unter Frevlern, Sündern und Spöttern einsam und angefochten waren.

Die Geistlichen Übungen des hl. Ignatius wollen durch die Betrachtung (*contemplación*) der „Geheimnisse des Lebens Jesu" einen ähnlich spirituellen Transformationsprozess beim Übenden auslösen wie beim Beter des ersten Psalms, „der Freude hat an der Weisung des Herrn, über sie nachsinnt bei Tag und bei Nacht". Die Betrachtung der „Geheimnisse des Lebens Jesu" führen zur „inneren Erkenntnis des Herrn", zu einem inneren Wahrnehmen und Berührtwerden von seiner Person, wie sie sich in seinem Wirken und in seiner Beziehung zum himmlischen

Vater in den Evangelien zeigt. Bei dieser Kontemplation geht es um ein aufmerksames Dabeisein und Geschehenlassen, dass die Person Jesu gegenwärtig sein lässt, um ihn mehr zu lieben und das eigene Leben konsequenter auf ihn auszurichten.

Er ist das unverrückbare Fundament und die unversiegbare Quelle, aus der seit dem Pfingstereignis das Evangelium Jesu Christi in der Welt präsent ist. Auch wenn dieser Schatz nicht selten in allzu menschlichen Gefäßen weitergegeben wird, bleibt Gottes Wort ein für allemal gültig. Wer zu einer persönlichen Beziehung zu Jesus Christus gefunden hat, wer an sein Evangelium rückgebunden bleibt, sich gemeinsam mit anderen zu ihm bekennt und dem Weg des Evangeliums folgt, findet spirituelle Identität und Beheimatung inmitten sehr verschiedener säkularer gesellschaftlicher Milieus. Alle geistliche Erneuerung und Vertiefung wird aus diesem Ursprung möglich.

Psalm 3 – JHWH, wie zahlreich sind meine Feinde

1 Ein Psalm Davids, als er von seinem Sohn Abschalom
floh.
2 JHWH, wie viele sind meine Feinde (geworden),
viele sind es, die gegen mich aufstehen,
3 viele, die von mir sagen:
„Es gibt keine Rettung für ihn bei Gott (elohim)“
4 Du aber, JHWH, bist (wie) ein Schild rings um mich,
(bist) meine Ehre und der mein Haupt erhebt.

5 Wann immer ich mit lauter Stimme rufe zu JHWH,
hat er mir geantwortet von seinem heiligen Berg.
6 Als ich mich zur Ruhe legte, fand ich Schlaf.
Ich wachte auf, denn JHWH stützt mich.
7 Nicht muss ich mich fürchten vor vielem Volk,
die ringsum sich aufstellten gegen mich.

8 Steh auf, JHWH!
Rette mich, mein Gott!
Denn Du hast allen meinen Feinden
das Kinn zerschlagen,
die Zähne der Frevler hast Du zerbrochen.
9 JHWH ist die Rettung,
auf Deinem Volk sei Dein Segen.

Hinführung: Ps 3 eröffnet die erste Sammlung von Psalmen, die (später) König David zugeschrieben werden (Ps 3–41), d.h. sie sind sehr geschätzt und können (auch) im Sinne Davids und in vergleichbaren Situationen aus seiner Lebensgeschichte gebetet werden; hier ist es der Hinweis auf Davids Flucht vor seinem aufständischen Sohn Abschalom nach 2 Sam 15,13f.

In Ps 3 dominiert trotz umfassender Bedrohung und dauernder Gefahr das Vertrauen in JHWHs Schutz und Rettung. Das Gebet des Einzelnen weitet sich am Ende zum Gebet der Gemeinschaft des JHWH-Volkes (V. 9).

Der Psalm lässt sich nach der Überschrift (V. 1) in drei Strophen gliedern: V. 2–4, V. 5–7, V. 8–9). Im *ersten Teil* beginnt der Beter nach der Anrufung JWHWs sofort mit der Klage über die bedrohlich angewachsene Zahl der Feinde, deren Angriff so gefährlich erscheint, dass viele seine Rettung durch Gott anzweifeln. Doch dann fährt er mit der erneuten JHWH-Anrede und einem überraschenden Vertrauensbekenntnis zu seinem Gott fort. Dieses von Erfahrung getragene Vertrauen bekräftigt er im *zweiten Teil* noch einmal, um die Behauptung seiner Feinde in V. 3 zu widerlegen. Im *letzten Teil* wendet der Beter sich wieder direkt an JHWH und fordert ihn auf, dem Treiben seiner Feinde – wie schon früher – mit physischer Gewalt ein Ende zu setzen. Diesen unerschütterlichen Glauben des Beters hat sich die im Gebet versammelte Gemeinde, das JHWH-Volk, zu eigen gemacht.

1. V. 2–4: Die erste Strophe beginnt mit der Anrufung des Gottesnamens JHWH, der am Ende in V. 4 mit einem unerschütterlichen Vertrauensbekenntnis wieder aufgenommen wird. JHWH ist für den Beter (wie) ein Schild, der ihn von allen Seiten beschützt, sodass er aufrecht und mit erhobenem Haupt seine vom Gott verliehene Freiheit und Würde behaupten kann. Umschlossen vom Namen JHWHs, d.h. von seiner Allgegenwärtigkeit, beklagt der Beter dennoch die bedrohlich angewachsene Zahl seiner Gegner, die ihn von überall her bedrängen. Dreimal werden sie als „viele, zahlreich“ beschrieben. In ihren Augen ist seine Lage so aussichtslos, dass es für ihn keine Rettung bei (irgendeinem) Gott gibt (V. 4b). Aber seine Bedränger und Feinde haben keine Ahnung von JHWH, den Schöpfer des Himmels und der Erde. Sie kennen ihn nicht. Doch der Beter weiß: Mögen seine Feinde auch von allen Seiten und mit ständig wachsender Zahl gegen ihn anstürmen, sie sind noch einmal umschlossen von JHWH, der ihre Behauptung (V. 3b) widerlegen wird. Weil er JHWH ist, gibt es für den gläubigen Beter Rettung.

Der ganze Psalm ist in allen drei Strophen zweimal vom Tetragramm, von der Gegenwart JHWHs, durchwirkt. Das zentrale Thema des Psalms ist also die unaufhebbare Spannung zwischen der kein Ende nehmenden Bedrohung von außen und innen („Es gibt keine Rettung bei irgendeinem Gott!“) *und* der machtvollen Präsenz JHWHs für die, die – wie der Beter – auf ihn ihr ganzes Vertrauen setzen. Diese spannungsvolle Lebenswirklichkeit besagt, dass der Beter selbst, seine Geschichte sowie die nicht aufrechenbare wechsel-seitige Abhängigkeit (Interdependenz) beider „Bereiche“ auch geprägt ist von der Unheils-geschichte der Menschheit. Wie haben es bei dieser negativen zerstörerischen Wirklichkeit mit einer dynamischen Größe zu tun, die alles umfasst und durchdringt, was unser menschliches Leben ausmacht. Es gibt nichts, wohin wir uns davor zurückziehen könnten, um einmal ganz unbehelligt davon zu sein. In allem und jedem – und sei es das Heiligste – gibt es diese Anziehungskraft der „Mächte und Gewalten". Diese Realität beklagt der atl. Beter in V. 2 und 3. Die Auseinandersetzung damit kann manchmal sehr anstrengend und herausfordernd sein.

Ähnlich ist unser Dasein dauernd von Gottes Nähe zu „heil"-schaffender Gemeinschaft mit ihm real mitbestimmt. Wir haben es bei dieser positiven Wirklichkeit ebenso mit einer dynamischen Größe zu tun, die alle Bereiche und Dimensionen menschlichen Lebens erfassen und erfüllen will. Sie will den Menschen von aller Selbstentfremdung lösen, indem sie ihn von allen falschen Sicherungen zu einem Leben befreien will, das ganz und gar in Gott gegründet ist, zu einem Leben, das bei allem kraftvollen In-der-Welt-Stehen sich eine letzte Distanz, eine innere Freiheit gegenüber allen Dingen, allen Menschen und ihren Werten bewahrt. Diesen Gegenpol bringt der Beter in V. 4 überraschend ins Spiel und bekundet damit, dass sein Vertrauen in JHWH größer ist als seine Angst vor allem, was sein Leben zerstören will.

2. V. 5–7: Diese Zuversicht gründet in der wiederholt gemachten Erfahrung des Beters, dass JHWH ihm jedes Mal „von seinem heiligen Berg" geantwortet hat. Der Tempel auf dem Berg Zion in Jerusalem ist der Ort, wo JHWH auf Erden präsent ist und die Menschen ihre Not und ihren Lobpreis vor ihn bringen können. An ihn kann man sich auch von den entferntesten Gegenden wie der Diaspora wenden. Er ist überall in der Welt den Menschen nahe, die aus großer Bedrängnis mit aufrichtigem Herzen zu ihm rufen.

Das Vertrauen in Gottes Nähe und Fürsorge konkretisiert der Beter in den beiden nächsten Versen mit seiner Erfahrung der letzten Nacht. Trotz aller Gefahren konnte er sich ruhig schlafen legen und ist am Morgen unbeschadet aufgewacht, weil JHWH ihn in seiner Wehrlosigkeit „gestützt“ hat. Auch in der Nacht mit ihren unwägbaren Risiken und Gefahren war JHWH ihm Schild und Schutz. Aus dieser Erfahrung zieht er in V. 7 den Schluss, dass er die vielen nicht fürchten muss, die sich jetzt und immer wieder gegen ihn zusammenrotten.

3. V. 8–9: Die letzte Strophe beginnt mit der leidenschaftlichen Bitte des Beters: „Steh auf, JHWH!, rette mich, mein Gott!“ Er fordert ihn auf, seine Gegner, die ihn als Retter geleugnet haben (V. 3b), den Kiefer so zuzurichten, dass sie verstummen müssen. Weil er JHWH ist, kann es keinen Zweifel geben, dass er Rettung ist. In diesen unerschütterlichen Glauben stimmt am Ende die (im Gebet) versammelte Gemeinde des JHWH-Volkes ein, dem der Beter sich zugehörig fühlt

Zu diesem Vertrauen will Psalm 3 am Anfang des Psalters für die meisten Gebete des Buches motivieren und seinen Betern Sprache geben. Aber alles Gottvertrauen will gegen zahllose Anfechtungen von innen und aggressive Bedrohungen von außen immer wieder neu erkämpft werden. Wer sich in Gebet und Lebensführung im Energiefeld JHWHs bewegt, dessen Schicksal ist letztlich in seiner Hand „aufgehoben“. Und nur in dieser Grundausrichtung ist sein Gebet authentisch und glaubwürdig.

Psalm 4 –
In der Bedrängnis hast Du mir Raum geschaffen

2 Wenn ich rufe, antworte mir,
Gott meiner Gerechtigkeit!
In der Enge hast Du mir Weite geschaffen.
Sei mir gnädig und höre mein Flehen!

3 Ihr Mächtigen, wie lange soll meine Ehre (noch) zur Schmach werden?
(wie lange) wollt ihr (noch) Nichtiges lieben und Lüge suchen?
4 Erkennt, JHWH hat sich seinen Treuen (*chassidim*) erwählt.
JHWH hört, wenn ich zu ihm rufe.
5 Erschreckt und sündigt nicht (länger).
Bedenkt es in eurem Herzen auf eurem Lager und werdet still!
6 Bringt Opfer der Gerechtigkeit und vertraut auf JHWH!

7 Viele sagen: Wer lässt uns Gutes (noch) erfahren?
Erhebe über uns das Licht Deines Angesichts, JHWH!
8 Du hast mir Freude ins Herz gelegt,
weit mehr als ihr sie habt bei Korn und Wein in Fülle.
9 In Frieden will ich mich gleich niederlegen und schlafen,
denn Du allein, JHWH, lässt mich in Sicherheit wohnen.

Hinführung: Psalm 4 ist konzentrisch aufgebaut. In der ersten (V. 2) und in der letzten Strophe (V. 7–9) wendet sich der Beter direkt an Gott. Die mittlere und längste Strophe (V. 3–6) richtet sich an mächtige

Gegner, die ihn verleumden und sein Ansehen in den Schmutz ziehen. An sie appelliert er, ihre Schmutzkampagne zu beenden. Es sind einflussreiche Leute, vor denen Gott ihm schon einmal Recht verschafft hat. Sie sollen doch endlich erkennen, dass ihr Mobbing auf Falschaussagen beruht und haltlos ist. So fordert er sie auf, alles noch einmal in Ruhe zu bedenken und ihre Herzen erneut auf JHWH hin auszurichten. Trotz dieser andauernden Schikane und persönlichen Verletzung erfährt der Beter eine tiefe Freude in seinem Herzen, die noch einmal eine andere Qualität hat als das Glück, das man bei der Getreide- und Weinernte und ihren Festen erfährt. Der Beter ist mit sich im Frieden und weiß sich in Gott geborgen.

1. V. 2: Der Beter beginnt den Psalm in der ersten Strophe mit drei Imperativen: *Antworte mir! Sei mir gnädig! Höre auf mein Flehen!* – wobei die letzte Aufforderung die Intensität seines Anliegens noch verstärkt. Angesprochen ist JHWH, der ihm schon einmal zu seinem Recht verholfen und in seiner großen Bedrängnis weiten Raum geschaffen hat. Was seine „Enge“ war und wie Gott ihn aus der „Enge“ in die „Weite“ geführt hat, darüber sagt er nichts. Aber diese Erfahrung wird offenbar von seinen einflussreichen Gegnern nicht respektiert. Sie fahren fort, ihn zu verleumden und sein Ansehen in bedrohlicher Weise zu ruinieren. So muss er sich jetzt wieder an den „Gott seiner Gerechtigkeit“ wenden – im Vertrauen, dass JHWH antworten wird, wann immer der Beter sich seiner Not nicht erwehren kann: Höre mein Flehen und tritt erneut für mich ein!

2. V. 3–6: Die mittlere Strophe (V. 3–6) schildert seine Not. Hier spricht er seine mächtigen Gegner an, die nicht aufhören, ihn mit unbewiesenen und falschen Behauptungen, mit böswilligen Interpretationen und Unterstellungen zu verleumden. Mit Attacken dieser Art verletzten sie seine Ehre, seine Würde (Abbild Gottes: Gen 1,27), sein Selbstwertgefühl und unterminieren seine soziale Stellung. Wie lange bzw. bis zu welchem Punkt soll dieser gnadenlose Angriff noch fortgesetzt werden?

Mit sieben Imperativen fordert der Beter seine Verleumder auf, endlich wahrzunehmen und anzuerkennen, dass JHWH ihn längst als seinen Getreuen erwiesen hat und ihm wieder beistehen wird, wenn er zu ihm ruft. Sie sollen über das, was sie ihm angetan haben, erschrecken und nicht weiter sündigen. Sie sollen die ganze „Angelegenheit" auf ihrem nächtlichen Lager in ihrem Herzen bedenken, darüber still werden und Ruhe geben. Sie sollen sich mit aufrichtigem Herzen erneut Gott zuwenden und auf ihn (allein) vertrauen, d.h. sie sollen mit ihrer haltlosen Kampagne nicht länger im Widerspruch zu JHWH stehen und ihre Beziehung zu ihm wieder ins Lot bringen. Die sieben Imperative hören sich an wie ein Appell an seine Gegner, in einem authentischen Bekehrungsprozess ihre Herzen erneut auf Gott hin auszurichten.

Es ist ziemlich ungewöhnlich, dass der atl. Beter sich in der mittleren und umfangreichsten Strophe des Psalms direkt an seine einflussreichen Widersacher richtet und sie mit leidenschaftlichen und versöhnenden Worten zur Rechenschaft zieht. Statt – wie bei der ersten Strophe – in der Anrede JHWHs fortzufahren, wendet er sich an die „Mächtigen“, die seine anhaltende Bedrängnis verursachen. Wie ist das zu verstehen und was hat das zu bedeuten?

Man kann vielleicht vermuten, dass der Beter „vor Gott“ in der direkten Anrede an seine hartnäckigen Verleumder versucht, sich darauf einzustimmen, wie er in der konkreten Begegnung mit ihnen, sie leidenschaftlich, überzeugend und ohne sie zu beschimpfen damit konfrontiert, was sie ihm angetan haben, um sie zur Umkehr von ihrem unverantwortlichen Tun zu motivieren. Er könnte hoffen, dass die sieben eindringlichen Appelle ihnen zu Herzen gehen.

3. V. 7–9: Mit der dritten und letzten Strophe appelliert der Beter wieder an Gott, ihm erneut weiten Raum zu schaffen. Er tut das auch im Blick auf die vielen, die schon lange darauf warten, dass sich ihre Lebenswirklichkeit endlich zum Guten wendet und die kaum noch Hoffnung haben. JHWH soll – in Anspielung auf den aaronitischen Segen (Num 6,25) – das Licht seines Angesichts auch über sie aufleuchten lassen. Doch im Unterschied zu den Vielen, die von Skepsis und Resignation angefressen sind, schaut der Beter mit Freude und Zuversicht in seine Zukunft. Freude und Zuversicht haben bei ihm noch mal eine andere Qualität als das Glück, das die Menschen im Alten Orient bei einer reichen Getreideernte und Weinlese erfüllte. Diese sprichwörtliche Erntefreude wurde mit großen Festen begangen, zu denen in Jerusalem viele Menschen aus dem ganzen Land zusammenkamen: Pessachfest, Wochenfest, Laubhüttenfest.

Freude und Zuversicht geben dem Beter inneren Frieden, sodass er sich unbekümmert zur Ruhe legen und einschlafen kann. Diese Sorglosigkeit und dieser Friede haben ihrem Grund in JHWH, der ihm trotz Anfeindung Sicherheit gibt. Für dieses gelebte Gottvertrauen will der Beter seine mächtigen Gegner und alle gewinnen, die dabei sind zu resignieren.

Psalm 6 – Sei mir gnädig, HERR, denn ich bin am Ende

2 JHWH, nicht in Deinem Zorn weise mich zurecht,
und nicht in Deinem Grimm züchtige mich!
3 Sei mir gnädig, JHWH, denn ich welke dahin,
heile mich, JHWH, denn meine Glieder sind starr
vor Schrecken,
4 und meine Seele ist tief erschrocken.
Du aber, JHWH, wie lange noch?!
5 Kehr um, JHWH, entreiß meine Seele!
Rette mich um Deiner Güte willen!
6 Denn im Totenreich gibt es kein Gedenken an Dich,
in der Unterwelt, wer wird Dich lobpreisen?
7 Ich bin am Ende meiner Kraft von meinem Seufzen.
Jede Nacht überschwemme ich mein Lager,
mit meinen Tränen überschwemme ich mein Bett.
8 Getrübt vor Kummer ist mein Auge,
schwach geworden wegen all meiner Bedränger.

9 Weicht von mir, ihr Übeltäter!
Denn gehört hat JHWH mein lautes Weinen.
10 Gehört hat JHWH mein Flehen um Gnade.
JHWH nimmt mein Gebet an.
11 Beschämt und starr vor Schrecken werden
all meine Feinde.
Sie müssen umkehren, werden zuschanden im Nu.

Hinführung: Psalm 6 ist ein individuelles Bitt- und Klagegebet, das sich zunächst in sieben immer intensiver werdenden Bitten an JHWH wendet, um ihn auf den äußerst gefährdeten Zustand des Beters aufmerksam zu machen (V. 2–8). Im zweiten Teil (V. 9–11) setzt der Umschwung ein. Noch im Beten erfährt der um sein Leben Bangende die Gewissheit, dass JHWH sein Flehen erhört hat und die „Übeltäter", die ihm nach dem Leben trachten, selbst von lähmendem Entsetzen erfasst werden, sodass sie augenblicklich „zuschanden" werden.

Es fällt auf, dass der Gottesname JHWH am Anfang (V. 2–5) fünfmal und am Ende (V. 9–10) dreimal vom Beter genannt wird, in der Mitte aber (V. 5–8), wo der Beter seine unmittelbare Nähe zum Totenreich und zur Unterwelt beklagt, kommt sein Name nicht vor. Das deutet darauf hin, dass der „Raum", in dem JHWH selbst wirkt und handelt, hier noch klar von der Totenwelt unterschieden ist. So könnte der Psalm vorexilischen Ursprungs sein. Die Vorstellung von der begrenzten Macht JHWHs inbezug auf die Totenwelt (*sheol*) ist in den Gebeten des Psalmenbuchs aber nicht das letzte Wort (vgl. Ps 73,36; 139,8).

1. V. 2–8: Der Beter beginnt mit der direkten Anrede JHWHs und fordert ihn auf, unverzüglich seinen Zorn von ihm abzuwenden. Auch wenn er Gott das Recht nicht abzusprechen scheint, ihn „zurrechtzuweisen" und „zu züchtigen", so soll das nicht mit der Wucht und Heftigkeit geschehen, wie sie ihn getroffen hat, zumal er Gottes „Zorn" und „Grimm" nicht als Ursache seines eigenen Verschuldens sieht.

Mit der erneuten Anrede bittet er den Herrn um Gnade und Heilung. Er ist buchstäblich am Ende („verwelkt"). Ein furchtbarer Schrecken, ein Entsetzen hat all seine Glieder erfasst und seine Seele verstört. Körperlich und seelisch gelähmt, ruft er verzweifelt:

„Du aber, JHWH, wie lange noch?" (V. 4). Wie lange soll die Tortur Deines Zornes mit mir noch dauern?

In einem dritten Anlauf (V. 5) verlangt der Beter von JHWH in drei immer intensiver werdenden Imperativen „Kehr um!", „entreiß mein Leben!", „rette mich!" Er fordert von Gott einen Sinneswandel ein. Er soll es mit ihm nicht bis zum Äußersten kommen lassen. Er appelliert an seine „Güte" (*chaesaed*). Wenn man sich auf JHWHs Selbstbestimmung, „barmherzig und gnädig zu sein, langsam im Zürnen und reich an Güte und Treue" (vgl. u.a. Ex 34,6) nicht mehr verlassen kann, dann ist man dem Totenreich ausgeliefert, dann ist die Beziehung zwischen ihm und Gott abgebrochen. Denn in der Unterwelt gibt es kein Gedenken JHWHs, keinen Lobpreis. Wenn Gott es soweit mit ihm kommen lässt, dann ist seine „erzieherische Maßnahme ... gescheitert." (D. Böhler). Er müsste doch darauf bedacht sein, keinen von seinen JHWH-Treuen zu verlieren. „Die Vorstellung von der begrenzten Macht JHWHs ist für vorexilische Psalmen charakteristisch" (H. Spieckermann).

Der nächste Abschnitt veranschaulicht, wie nah der Beter dem Tod tatsächlich schon ist. Ganz erschöpft hat er die Nächte mit unaufhörlichem Weinen zugebracht. Der Tränenfluss hat sein Augenlicht ruiniert. Die Ursache für den Kummer über den seelischen und körperlichen Verfall, der ihn die unentrinnbare Nähe des Todes spüren lässt, sind all seine „Bedränger". Sie stehen anscheinend in unheilvoller Verbindung mit den Mächten, die ihn über die Schwelle zum Totenreich drängen wollen. Sollte etwa

JHWH sich ihrer in seinem unerklärlichen Grimm bedienen?

2. V. 9–11: Kaum hat der Beter seine aussichtslose Lage, seine Ängste und Aggressionen vor Gott zur Sprache gebracht, als ihm plötzlich die Gewissheit zuteil wird, dass es nicht JHWHs Zorn ist, der ihn an den Rand seiner Existenz und seines Gottvertrauens gebracht hat. Im betenden Durchdringen und schonungslosem Aussprechen seines Kummers, seines körperlichen Verfalls und seiner dadurch bedingten sozialen Isolation, erkennt er, dass Gott auf seiner Seite steht. Das lähmende Entsetzen, seine Schockstarre ist plötzlich von ihm abgefallen. Kraftvoll aufgerichtet und selbstbewusst tritt er seinen „Bedrängern“ entgegen und weist sie in die Schranken: „Weichet von mir. ihr Übeltäter!“. Denn JHWH hat mein „lautes Weinen“ und „mein Flehen um Gnade“ gehört. Das lähmende Entsetzen, die Schockstarre überfällt nun seine Feinde, sodass sie von ihm ablassen müssen und beschämt werden. Gott erweist sich als der, um dessen Güte und Treue er im Gebet gerungen hat (V. 3.5.10). Es war also nicht Gott, der ihm so unbarmherzig zugesetzt hat, sondern seine Bedränger und Feinde. Auf seine Frage an JHWH: „Wie lange noch?“ (V. 4b), erhält er augenblicklich die Antwort: “im Nu!“ (V. 11b). Im Nu findet er Halt und seine Feinde verlieren ihn.

„Das strukturell Böse einer Gesellschaft und das (oft) rätselhafte Böse in der Geschichte“ (E. Zenger) macht immer wieder Menschen zu Opfern, die nicht zurückschlagen können. Psalm 6 ist auch ein leidenschaftliches Plädoyer für Gerechtigkeit, für Menschen, die am Ende ihrer Kraft (V. 7a) ihre Hoffnung „wider alle Hoffnung" auf einen Gott setzen, der auf ihrer Seite steht. Die Macht von Lüge und Gewalt, die zerstörerische Kraft von Unrecht und „alternativen Wahrheiten" muss benannt, aufgedeckt und entlarvt werden, um sie in der Öffentlichkeit zu „beschämen".

Den in Jer 45,1–5 über sein Leiden klagenden Propheten: „Weh mir, denn der Herr häuft noch Kummer auf mein Leid. Ich bin erschöpft vor Stöhnen und finde keine Ruhe" weist Gott aber auf die Leiden hin, die er selbst mit seinem Volk auszuhalten hat und ermutigt ihn, auch sein Leiden in Solidarität mit JHWH und seinem Volk anzunehmen. Wenn man den Psalm in diesem theologischen Zusammenhang liest und betet, bekommt er noch eine andere Tiefendimension.

Entscheidend ist, dass ich all meinen Groll, auch mit den heftigen Emotionen, die damit verbunden sind, „vor Gott ausschütte" und in schonungsloser Offenheit das benenne, was mich am Faden meines Glaubens noch über dem Abgrund des Zweifels hält, dann kann mir plötzlich aufgehen, welchen Weg der Herr für mich gewählt hat. Die neue Gewissheit kann mich aufrichten und mir die Kraft für den nächsten Tag geben. Für manche hat es „nur" den Weg der Solidarität mit den Leiden des eigenen Volkes gegeben.

Psalm 8 –
Herr, unser Herr, wie gewaltig ist Dein Name auf der ganzen Erde

2 JHWH, unser Herr,
wie gewaltig ist Dein Name auf der ganzen Erde.
Du verleihst Deinen Glanz weit über die Himmel.

3 Auf den Schrei von Kindern und Säuglingen hin
hast Du ein Bollwerk (‘oz) gegründet
wegen Deiner Bedränger,
um Feind und Rächern Einhalt zu gebieten.
4 Schau ich den Himmel, das Werk Deiner Finger,
Mond und Sterne, die Du befestigt hast:
5 Was ist der Mensch, das Du seiner gedenkst,
das Menschenkind, das Du dich seiner annimmst.
6 Du ließest ihn nur wenig von Gott fehlen,
hast ihn mit Ehre und Hoheit gekrönt.
7 Du lässt ihn herrschen über das Werk Deiner Hände,
hast ihm alles unter die Füße gelegt.
8 Schafe und Rinder, sie alle,
auch die Tiere des Feldes;
9 die Vögel des Himmels und die Fische des Meeres,
alles, was auf den Bahnen der Meere zieht.

10 JHWH, unser Herr,
wie gewaltig ist Dein Name auf der ganzen Erde.

Hinführung: Psalm 8 ist der erste Hymnus im ganzen Psalmenbuch. Er ruft zum Lob des göttlichen Namens JHWH auf, dessen Schöpferhand den Kosmos und alle Kreatur geschaffen hat und der die Welt auf seine Art gestaltet und bewahrt. So wird der Psalm zur

Verherrlichung des von Gott erhobenen Menschen in einer gefährdeten Welt.

Der Text ist von seinem konzentrischen Aufbau her transparent und von sprachlicher Schönheit. Die Aufforderung zur Namensgegenwart JHWHs in aller Welt (V. 2a und 10) umfasst den Hymnus, der die Weite des gesamten Kosmos und die Zuwendung Gottes zum Menschen in dieser Welt umspannt. In der Mitte des Psalms steht V. 6, der Gott (*elohim*) und Mensch miteinander vergleicht wie der Pharao seinen Wesir Josef (Gen 41,40): Nur der Thron oder der Königstitel fehlt dir! Die Verse 3–5 führen auf diese zentrale Aussage zu, die Verse 7–9 führen von ihr weiter.

Gegen die feindseligen Mächte dieser Welt stellt Gott seine ganz unscheinbare Macht. Auf das Schreien der Kinder und Säuglinge, der Schwächsten aus dem unterdrückten Volk in Ägypten, reagiert Gott im Buch Exodus wie im Psalm 8 mit „Gedenken" und „Kümmern" und lockt sie damit dem Gelobten Land, ihrer Freiheit, entgegen.

V. 2c ergänzt die Präsenz der Namensherrlichkeit JHWHs in der Welt mit der Nennung seiner Majestät im Blick auf die Himmel. V. 3c betont Gottes Einschreiten gegenüber seinen Widersachern.

1. V. 2 und 10: Die beiden gleichlautenden Verse am Anfang (V. 2) und am Ende (V. 10) bilden den Rahmen des Psalms. Sie preisen die Herrlichkeit des Gottesnamens in aller Welt und nehmen den Text mit all seinen Aussagen in die Mitte. JHWH lässt die Welt teilhaben an der Herrlichkeit seines Namens, sodass sie zu einem „Milieu" wird, in dem Gott verehrt werden kann. JHWHs gewaltiger „Name auf der ganzen

Erde" kommt nur noch in Ex 9,16 vor, wo JHWH dem Pharao seine Macht zeigen und „seinen Namen auf der ganzen Erde" kundtun will. Wenn also Menschen – wie die Israeliten in Ägypten – daran gehindert werden, die Gegenwart des Gottesnamens zu verehren, werden ihre Unterdrücker erfahren, wie gewaltig dieser Name ist, der seinen Sternenglanz weithin über die Himmel verteilt.

2. V. 3–6: Die Herrlichkeit des Gottesnamens, seine Präsenz in der Welt, bleibt also nicht unangefochten. Der feindlichen Vernichtung seines Volkes setzt JHWH eine Macht aus dem Mund von „Kindern und Säuglingen" entgegen. Es sind die Stimmen der Opfer pharaonischer Gewaltherrschaft, die Stimmen der Schwächsten, die für die Zukunft des ganzen Volkes stehen. Der Mord an den hebräischen Knaben (Ex 1,22), vor allem aber das „weinende Kind" in dem Schilfkörbchen (Ex 2,6), sind Teil der Klage des unterdrückten Volkes, auf die JHWH mit besonderer Zuwendung reagiert. „Gottes Macht ist Lob, ausgeübt von denen, die nicht die eigene Macht suchen, sondern sich von Gott den Grund ihres Lebens und Lobens schenken lassen. So wird das Schreien und Rufen der Kinder zum Paradigma menschlicher Existenz vor Gott. Ihr Grund und Ziel ist das Gotteslob" (H. Spiekermann). Jesus hat diese Bedeutung von Ps 8,3 mit Nachdruck gegenüber den Hohenpriestern und Schriftgelehrten vertreten (Mt 21,15f.). Durch diese Machtintervention JHWHs wird den Ägyptern („Feind und Rächern") Einhalt geboten. Sie werden als Feinde Israels zu Kampfgegnern JHWHs („Deine Widersacher"), weil sie den „Erstgeborenen" Gottes bedrohen (Ex 4,22) und müssen schließlich untergehen (Ex 14,28).

Der Blick auf die Weite und Unermesslichkeit des Firmaments löst beim Psalmisten den staunenden Ausruf aus: „Was ist der Mensch, das Du seiner gedenkst", und noch einmal kürzer: „(Was ist) das Menschenkind, dass Du Dich um ihm kümmerst!" (V. 6). Das Staunen hat ihn zu der Erkenntnis geführt, dass Gott ihm nahe ist und sich um ihn sorgt. Diese Nähe und Fürsorge JHWHs um den Menschen hat schon mit seiner Schöpfung begonnen: „Du hast ihm nur wenig von Gott fehlen lassen", hast ihn zum Mittelpunkt der ganzen Schöpfung und zum Herrscher über das Werk Deiner Hände gemacht.

3. V. 7–9: Der Mensch soll verantwortlich mit allem umgehen, was Gott ihm zu Füßen gelegt hat: Schafe und Rinder, die Tiere des Feldes, die Vögel des Himmels und die Fische des Meeres. Dazu gehört auch, „was auf den Pfaden der Meere dahinzieht." Die Lebenswelt der meist unbekannten Meere war entsprechend geheimnisvoll und oft auch unheimlich.

Die ihm von Gott übertragene Herrschaft soll die Schwachen und in Not Geratenen im Blick haben und sich ihrer annehmen. Das Ziel seiner zentralen Stellung in der Schöpfung ist die Verherrlichung JHWHs aus dem Mund von Machtlosen, denen seine besondere Zuneigung gilt. Es dürfte die größte Herausforderung für den (heutigen) Beter sein, angesichts lebensbedrohlicher und lebenzerstörerischer Mächte darauf zu vertrauen, dass in der besonderen Zuneigung und Hinwendung zu den Ohnmächtigen Gottes Macht zur Geltung kommt und schließlich am Ende die Umkehr der bestehenden Verhältnisse bewirkt. Die Gottesherrschaft wird sich unaufhaltsam gegen allen Anschein und gegen allen Widerstand mit der Dynamik eines Senfkorns durchsetzen (vgl. Mt 5,1–12; 13,31–35)

4. V. 10: Die gewaltige Präsenz seines Namens, JHWH, ich bin da (Ex 3,1), will Gott „auf der ganzen Erde" bekannt machen durch das „Gedenken" und das „Kümmern", das jedem einzelnen Menschen gilt, dem Gott es seit Gen 1 nur wenig von ihm hat fehlen lassen.

Im „Prinzip und Fundament" der Exerzitien (EB 23) wird die Grunddynamik einer Lebensbewegung angesprochen, die auf die innere Freiheit des Menschen ausgerichtet ist, das zu leben, was mehr der Verherrlichung Gottes, sowie der Bewahrung und Erhaltung der Schöpfung entspricht. Von seinem Ursprung her steht der Mensch im Mittelpunkt der Schöpfung. An seinem Heil (Ganzwerden) hat sich alle geschöpfliche Wirklichkeit zu relativieren. In dem Maß, als er seiner ursprünglichen Bestimmung, Abbild Gottes zu sein, näher kommt, desto mehr verherrlicht er Gott und wird anderen zum Segen. Der Psalm konzentriert die Herrlichkeit des Gottesnamens, die Macht seiner Präsenz in dieser Welt, auf die Stimmen der Opfer „pharaonischer" Gewaltherrschaft, auf die Stimmen der Schwächsten, deren Rufen und Schreien zum Paradigma menschlicher Existenz vor Gott wird. Diesen Stimmen gilt Gottes besondere Zuwendung, sodass alle untergehen müssen, die ihr Gotteslob zum Schweigen bringen wollen.

Psalm 12 –
Bring Rettung, JHWH, denn der Fromme ist am Ende

2 Bring Rettung, JHWH, denn der Fromme ist am Ende,
verschwunden sind die Treuen unter den Menschen.
3 Trügerisches reden sie, einer mit dem anderen,
mit glatter Lippe und zwiespältigem Herzen reden sie.

4 Ausrotten soll JHWH alle glatten Lippen,
die Zunge, die vermessen redet,
5 die da sagen: mit unserer Zunge sind wir mächtig.
Unsere Lippen sind mit uns.
Wer kann Herr über uns sein?

6 Weil die Elenden unterdrückt sind,
weil die Armen stöhnen,
stehe ich jetzt auf, spricht JHWH.
Ich will Rettung bringen (dem), gegen den man wütet.

7 Die Worte JHWHs sind lautere Worte,
(so rein wie) Silber, geläutert im Schmelztiegel,
siebenfach geläutert.

8 Du, JHWH, wirst sie beschützen,
wirst ihn bewahren vor diesem Geschlecht für immer.
9 (Mögen auch) ringsum Frevler herumstolzieren,
und Gemeinheit obenan stehen bei den Menschen.

Hinführung: Der Psalm ist ein elementarer Hilfeschrei gegen eine durch und durch korrupte Gesellschaft, die mit fake news „alternativen Wahrheiten“, Rechtsbeugung und sozialer Unterdrückung die Würde des Menschen aushöhlt und seine Rechte missachtet. Die Struktur des Psalms lässt sich an den Wechsel der Sprechenden und an der Verteilung des JHWH-Namens ablesen. So ergibt sich ein Aufbau in konzentrischer Anordnung mit fünf Strophen:

1. Bitte („Du, JHWH") um Rettung der JHWH-Treuen (V. 2–3)
2. Aufforderung an JHWH, der herrschenden sozialen Wirklichkeit ein Ende zu setzen (V. 3–4)
3. *JHWHs Antwort auf den Hilfeschrei des Beters (V. 6)*
4. Bestätigung der Antwort als zutiefst glaubwürdiges Wort (V. 7)
5. Die als Zuversicht geäußerte Bitte („Du, JHWH") des Beters, dass Gott die Elenden in einer zutiefst korrupten sozialen Wirklichkeit beschützt.

Der JHWH-Name steht in den ersten beiden und letzten beiden Strophen (hebr. Text) jeweils an zweiter Stelle, im Zentrum (V. 6) aber am Ende der mittleren Zeile. Die Ringkomposition wird noch dadurch deutlich, dass in der ersten und letzten Strophe als letztes Wort „Menschen" stehen.

1. V. 2–3: Der Beter beginnt mit einem vehementen Hilferuf, für den es eigentlich schon zu spät ist. Es gibt keinen „Frommen" (*chasid*) mehr, also Menschen, die selbstlos lieben, die in geschwisterlicher Solidarität anderen beistehen und ihnen materiell und geistig/geistlich aufhelfen, die uneigennützig, großzügig und respektvoll mit denen umgehen, die in Not und Abhängigkeit geraten sind. Auch Verlässlichkeit und Treue *(aemet)* sind unter den Menschen verloren gegangen. Man kann sich auf das Wort eines anderen nicht mehr verlassen. Was miteinander geredet wird, ist leer, nichtig und bedeutungslos. Es kommt aus einem zwiespältigen Herzen. Jeder verfolgt seine eigenen Absichten und Interessen, seine Äußerungen aber suggerieren etwas anderes. Jeder ist sich selbst der Nächste. Damit sind die beiden großen Eigenschaften Gottes „Güte“ (*chaesaet*) und „Treue“ (*aemet*), die sich im Leben und Wirken seines Volkes widerspiegeln sollen, abhanden gekommen. Dass es diese JHWH-Treuen nicht mehr gibt, ist wohl eine bewusste Dramatisierung, um JHWH endlich zum Eingreifen zu bewegen.

2. V. 4–5: V. 5 setzt neu ein mit der Aufforderung an JHWH, er solle der herrschenden sozialen Wirklichkeit ein Ende setzen und die entmachten, die glauben, sich mit ihren tückischen Gerede gesellschaftlich auf Dauer eingerichtet zu haben.. Das sind die Leute mit den „richtigen Beziehungen“, die Prozesse ermöglichen, die sie durch Meineid und Falschaussage in ihrem Sinne entscheiden lassen. Wer sich ihnen in den Weg stellt und Widerstand leistet, den machen sie auf ihre Weise unschädlich. Denn sie haben die Macht und betrachten sich als das Maß aller Dinge, „Wer kann Herr über uns sein?“ (V. 5b). Macht ist der zentrale Inhalt ihres Lebens.

3. V. 6: JHWH antwortet auf den Hilfeschrei des Beters: Ohne ein Wort über die „Frevler“ zu verlieren, wendet er sich mit Entschiedenheit gegen die Macht und den Einfluss derer, die das Leben der Elenden (*aniyyím*) und Armen (*ebyoním*) zugrunde richten. Wo die Würde des Menschen verletzt und seine Rechte missachtet werden, wird das Recht JHWHs verletzt. Denn der Mensch ist Abbild Gottes (Gen 1,27). Weil er das Elend der Armen gesehen und ihre laute Klage gehört hat, weil er ihr Leid kennt (vgl. Ex 3,7), will er gegen die zerstörerische Gewalttätigkeit der Eigenmächtigen einschreiten und die Unterdrückung beenden: „Jetzt stehe ich auf! spricht JHWH! – zum Kampf oder zum Gericht! Diese Zusage ist zugleich eine Ermutigung für alle Betroffenen, die Spielregeln von gesellschaftlicher Macht und Korruption zu durchbrechen.

4. V. 7: Noch während der Beter einen leidenschaftlichen Appell an JHWH richtet, wird ihm die Gewissheit zuteil, dass Gott „jetzt" seine Bitte erhört und den Seinen die ersehnte Rettung bringt. Aus Glaube und Erfahrung ist er (erneut) davon überzeugt, dass JHWHs Wort verlässlich ist. Es meint, was er sagt. Wort und Wirklichkeit sind bei ihm identisch. Sie stehen für ihn als Retter. Ganz anders als bei denen mit zwiespältigem Herzen, kann man Gottes Worten trauen und auf sie bauen. Sie sind echt wie reines Edelmetall – weitergegeben von denen, die JHWHs Hilfe erfahren haben seit vielen Generationen. In den Worten haben die JHWH-Treuen ihre Erfahrung mit ihm bewahrt und weiter tradiert, dass JHWH für die Schutzlosen, Unterdrückten und Armen einsteht, wie er es paradigmatisch beim ersten Exodus aus Ägypten und aus dem Exil in Babylon manifestiert hat. Der Beter bestätigt also die Glaubwürdigkeit und Verlässlichkeit von Gottes Zusage in V. 7.

5. V. 8–9: In der letzten Strophe bekundet der atl. Beter sein Vertrauen, dass JHWH die Elenden und Armen, die Schwachen und Rechtlosen beschützen und bewahren wird. Damit sind alle angesprochen,

die aufgrund ihrer JHWH-Treue Anfechtungen und Anfeindungen ausgesetzt sind und diesen Psalm beten. Sie praktizieren mit (hohem) persönlichem Risiko in einem zutiefst korrupten Milieu ihren Glauben und ihre Treue zu Gott und zu sich selbst. Der letzte Vers weist in aller Nüchternheit darauf hin, dass die „Frevler" mit Erfolg ihre destruktiven Spielregeln ungebremst verfolgen und ohne Scham und Scheu ihr erfolgreiches Gehabe zur Schau tragen. Die JHWH-Treuen bleiben eine angefochtene Minderheit in einer ihnen feindlich gesonnenen Umwelt.

Psalm 12 dürfte gegenwärtig sehr aktuell sein. Die verschiedenen Kräfte, die den gesellschaftlichen Zusammenhalt bedrohen, sowie der wachsende Vertrauensverlust, den kirchliche Institutionen durch eigenes Versagen und Verschulden ihrer Repräsentanten verursacht haben, haben zu einer Erosion an ethischen Werten und bei vielen zu einer gefühlten spirituellen Vereinzelung und Heimatlosigkeit geführt. Der Psalm kann dazu beitragen, sich darauf zu besinnen, was das Fundament und was die Ausrichtung meines Lebens ist, was mich bisher getragen und was meinem Leben Sinn und Erfüllung gegeben hat. Sein Gebet kann mich ermutigen, Gottes Güte und Treue, die ich in meinem Leben und Wirken erfahren habe, weiter zu geben und mit anderen die Spielregeln destruktiver Macht und Einflussnahme zu durchbrechen oder zu unterlaufen.

Psalm 13 –
Wie lange (noch), JHWH ...?

2 Wie lange (noch), JHWH, willst Du mich
immerzu vergessen?
Wie lange (noch) verbirgst Du Dein Angesicht
vor mir?
3 Wie lange (noch) muss ich Sorge tragen
in meiner Seele,
Kummer in meinem Herzen Tag für Tag?
Wie lange (noch) soll mein Feind sich gegen mich
erheben?

4 Schau her, antworte mir, JHWH, mein Gott!
Lass aufleuchten meine Augen, damit ich nicht
in den Tod entschlafe,
5 damit mein Feind nicht sagen kann: Ich habe
ihn erledigt,
damit meine Gegner nicht jubeln, weil ich wanke!

6 Ich vertraue auf Deine Güte,
mein Herz soll jubeln über Deine Hilfe.
JHWH will ich singen,
denn er hat Gutes an mir getan.

Hinführung: Psalm 13 ist ein klar strukturierter Klagepsalm eines einzelnen Beters, der sich in drei Abschnitte gliedert: Er beginnt mit der Klage, in der er seine Not vor Gott zum Ausdruck bringt (V. 2–3).

Es folgt die Bitte, mit der er die Wende und das Ende seiner Not von ihm einfordert (V. 4–5) und gipfelt in einem Vertrauensbekenntnis und dem Entschluss, über JHWHs Hilfe zu jubeln.

In seiner prägnanten Kürze, in der Verbindung von Konkretion und Offenheit, sowie seiner Zeitlosigkeit und räumlichen Ungebundenheit ist er das klassische Muster oder Paradigma eines individuellen Klagepsalms.

Alle drei Abschnitte oder Strophen des Psalms enthalten den Gottesnamen. In den ersten beiden steht er am Anfang (V. 2 und 4), in der dritten am Ende (V. 6): In V. 4 wird JHWH noch durch „mein Gott“ ergänzt und markiert damit die Mitte und den Wendepunkt des Psalms

1. V. 2–4: Die erste Strophe beginnt mit einer vierfachen ungeduldig insistierenden Frage an JHWH: „Wie lange (noch) ...?“ In diesen vorwurfsvollen Anklagen stößt der atl. Beter seine ganze Enttäuschung, seinen Frust und sein Ausgeliefertsein heraus. Er spürt seine Widerstandskraft schwinden. Die Schärfe seines Vorwurfs richtet sich direkt an Gott. Der Beter hat den Eindruck, als kümmere JHWH sich einfach nicht um ihn oder habe ihn offenbar vergessen. Seine Beziehung zu ihm scheint elementar gestört. Am meisten bedrückt ihn, dass er keinen Zugang, keinen Kontakt zu Gott findet.

Die dritte und vierte Frage resultiert aus Gottes (vermeintlichen) Wegschauen und Vergessen. Es beunruhigt ihn zutiefst, dass JHWH ihm seine Nähe und Zuwendung entzieht. Er fürchtet, dass dann andere lebensfeindliche Mächte an seine Stelle treten, seine psychischen Kräfte lähmen und zur Selbstaufgabe drängen und so seinem Leben ein Ende bereiten.

Doch er will sich weder mit seiner lebensbedrohlichen Situation noch mit der Erfahrung seiner Gottesferne abfinden. In seiner Ungeduld und seiner direkten Herausforderung JHWHs steckt auch die trotzige Entschlossenheit, auf Biegen und Brechen an JHWH festhalten zu wollen. Es ist wie beim Jakobskampf am Jabbok. Er will nicht von ihm lassen, bis dieser ihn gesegnet hat (Gen 32,27). Hier berühren wir die tiefste Ebene gläubiger Auseinandersetzung mit Gott. Der atl. Beter hält bei seiner Klage auch im Dunkel und der Rätselhaftigkeit der spürbaren Gottesferne an Gott fest. Er kämpft um sein Leben mit Gott, bis er erfährt und erkennt, dass er sich in allem dem „je größeren Gott" verdankt. Aber so weit ist er noch nicht.

V. 4–5: Auf die vier ungeduldig und vorwurfsvoll ausgesprochenen Fragen folgen im zweiten Abschnitt drei Imperative, die von „JHWH, seinem Gott" das Ende seiner Not einfordern. Gott soll endlich Abhilfe schaffen. Der erste Imperativ „Schau her!" bezieht sich auf das Wegschauen JHWHs (V. 2), der zweite „Antworte mir!" auf sein Schweigen. Die vom Beter angenommene Gleichgültigkeit ihm gegenüber macht ihm sehr zu schaffen. Kummer und Ratlosigkeit haben sein Lebensgefühl stark eintrüben lassen, sodass man ihm die ganze Trostlosigkeit ansehen kann. So bittet er schließlich darum, seinen Zustand aufzuhellen: „Lass aufleuchten meine Augen!", damit sein Leben nicht erlischt und sein Feind nicht behaupten kann: „Ich habe ihn erledigt." Ohne seinen kraftlosen und labilen Zustand könnte sein Feind nichts gegen ihn ausrichten und seine Gegner in ihrer Schadenfreude nicht darüber jubeln, dass er wie ein Haus beim Erdbeben wankt und in sich zusammenfällt. Seine „Feinde" und seine „Gegner" werden nicht näher charakterisiert, sodass man, wenn man diesen Psalm betet, darin seine eigene Not und Bedrohung einbringen kann.

3. V. 6: Mit einem abrupten Wechsel bekundet der Beter sein Vertrauen in JHWH. Als Grund wird Gottes *chaesaed* genannt: seine unverbrauchte Zuneigung und Güte zum Beter. Dieses hebr. Wort charakterisiert JHWHs Beziehung zum Menschen schlechthin. Der Beter ist damit spürbar in Berührung gekommen, sodass sein Herz erneut ihn dazu drängt, über JHWHs Rettung zu jubeln. Aus der Gewissheit, dass Gott an ihm gehandelt hat, wird sein Leben zum Lob Seines Namens. Die eindrückliche Direktheit in der Beziehung des Beters zu JHWH setzt sich über die Klage und das fordernde Bitten im Lobpreis fort. Vielleicht resultiert der unvermittelte Stimmungsumschwung aus dem letztlich nie aufgegebenen Vertrauen in die „Loyalität" (D. Böhler) JHWHs zu ihm. „Dass JHWH in seinem innersten Wesen der helfende, rettende, belebende Gott ist, der eine einmal eingegangene Beziehung nicht mehr aufgibt, das ist der Grund des Vertrauens, von dem aus der Beter von Psalm 13 die Herausforderung seines Leidens annimmt" (E. Zenger). Damit der Beter dahin kommt, muss er vor Gott sein Leid ungeschminkt herausklagen können.

So führt der Psalm von der aufrichtigen Klage und dem Einfordern vom JHWHs Loyalität zum erneuten Vertrauen ins Leben und in die belebende Beziehung Gottes zum Menschen. Es ist für den Psalm und seinen Gebetsprozess bezeichnend, dass am Anfang, in der Mitte und an seinem Ende der Gottesname steht JHWH: Ich bin der Ich-bin-da (für Dich)!.

Psalm 22 –
Mein Gott, warum hast Du mich verlassen?

2 Mein Gott, mein Gott, warum hast Du mich verlassen,
bleibst fern meiner Rettung, den Worten meiner Klage?
3 Mein Gott, ich rufe bei Tag, doch Du antwortest nicht,
ich rufe bei Nacht und finde doch keine Ruhe.

4 Du aber bist der Heilige,
der thront über den Lobgesängen Israels.
5 Auf Dich vertrauten unsere Väter!
Sie vertrauten und Du hast sie befreit.
6 Zu Dir schrien sie und wurden gerettet,
auf dich vertrauten sie und wurden nicht zuschanden.

7 Ich aber bin ein Wurm, kein Mensch,
der Leute Spott und verachtet vom Volk.
8 Alle, die mich sehen, lachen über mich,
verziehen den Mund und schütteln den Kopf.
9 „Wälze die Last auf JHWH! Der soll ihn retten!
Er reiße ihn heraus, hat er doch Gefallen an ihm!"

10 Du bist es, der mich aus dem Schoß
(meiner Mutter) zog,
der mir Vertrauen gab an der Brust meiner Mutter.
11 Auf dich bin ich geworfen vom Mutterleib an,
vom Schoß meiner Mutter an bist du mein Gott.

12 Sei nicht fern von mir, denn die Not ist nahe,
und keiner ist da, der hilft.
13 Viele Stiere umringen mich,
Büffel von Baschan haben mich umstellt.
14 Aufgerissen haben sie gegen mich ihren Rachen,
reißend und brüllend (wie) ein Löwe.
15 Hingeschüttet bin ich wie Wasser,
all meine Knochen fallen auseinander.

Mein Herz ist geworden wie Wachs,
zerschmolzen in meinen Eingeweiden.
16 Trocken wie eine Scherbe ist mein Mund,
meine Zunge klebt mir am Gaumen.
Du legst mich in den Staub des Todes.
17 Mich haben Hunde umkreist,
eine Rotte von Übeltätern hat mich umzingelt,
Sie haben meine Hände und Füße durchbohrt.
18 Zählen kann ich all meine Knochen,
sie aber gaffen, starren mich an.
19 Sie teilen meine Kleider unter sich
und werfen das Los um mein Gewand.

20 Du aber, JHWH, sei nicht fern,
meine Stärke, eile mir zu helfen.
21 Entreiß mein Leben dem Schwert,
aus der Gewalt der Hunde mein einziges Gut.
22 Rette mich vor dem Rachen des Löwen
von den Hörnern der Wildstiere her –
Du hast mich erhört!
23 Ich will Deinen Namen meinen Brüdern verkünden,
Dich loben inmitten der Gemeinde.
24 Die ihr JHWH ehrfürchtig liebt, lobt ihn.
Alle Nachkommen Jakobs, rühmt ihn.
Erschauert vor ihm, alle Nachkommen Israels!
25 Denn er hat nicht verachtet,
nicht verabscheut das Elend des Gebeugten
und nicht sein Antlitz verborgen vor ihm.
Als er zu ihm schrie, hat er ihn erhört.
26 Von dir kommt mein Lobgesang in großer Gemeinde,
meine Gelübde will ich erfüllen vor denen,
die ihm ehrfürchtig lieben.
27 Die Elenden sollen essen und satt werden;
Es sollen JHWH loben, die ihn suchen.
Aufleben soll euer Herz für immer.

28 Alle Enden der Erde sollen sich besinnen
und umkehren zu JHWH.
Niederfallen sollen vor dir alle Geschlechter
der Völker.
29 Denn JHWH gehört die Herrschaft,
er herrscht über die Völker.
30 Alle Mächtigen der Erde sollen sich niederwerfen
vor ihm,
sich beugen alle dem Staub Verfallenen
und wer sein Leben nicht erhalten konnte.
31 Nachkommen werden ihm dienen.
Man wird vom Herrn erzählen der künftigen
Generation.
32 Kommen sollen sie und berichten von seiner
Gerechtigkeit,
einem Volk, das dann geboren ist. Ja, er hat es getan!

Hinführung: Der erste Teil des Psalms (V. 2–22) ist ein Klagelied, der zweite Teil (V. 23–32) ein Danklied. Beide Abschnitte teilen sich noch einmal in zwei Hälften: V. 2–11 und 12–22; V. 23–27 und 28–32. Beide Teile stehen gleichgeordnet nacheinander. Der ganze Psalm will jeden, der ihn betet, in den inneren Prozess von der Klage zum Dank mit hineinziehen. Er ist ein eindringliches Gebet, das trotz erfahrener Gottesferne an JHWHs Nähe festhält und damit den Leidenden wie den Geretteten Sprache gibt.

Die Abgründigkeit der Frage: „Mein Gott, mein Gott, warum hast Du mich verlassen?“ lässt den Beter bis in Dank und Lob (V. 23–27) nicht los. Leben, das diesen Namen wirklich verdient, gibt es nach dem Verständnis des Psalmisten für den Einzelnen wie für die Gemeinde nur, wo Gott sein Angesicht nicht verbirgt und die zu ihm Rufenden erhört und aus ihrer Not errettet. Ps 22 geht der Frage nach dem „Warum“ so existenzieller Not in einer Tiefe und Schonungslosigkeit nach, dass er zu einem zentralen Deutungstext des Kreuzigungsgeschehens wurde (Mk 15,33–41; Mt 27,45–56). Der Psalm dürfte durch die Erfahrung des Exils im 6. Jh. v. Chr. seine theologische Tiefe gefunden haben.

1. V. 2–22: Der Psalm beginnt mit einer bitteren (An) Klage des Beters, weil er sich von Gott verlassen glaubt (V. 2–3). Er macht ihm den Vorwurf, dass er überhaupt nicht antwortet, obwohl er unablässig Tag und Nacht zu ihm ruft. Diese Enttäuschung, diese Rätselhaftigkeit macht ihm zu schaffen und lässt ihm keine Ruhe. Nach seinem Glaubensverständnis ist diese Distanz, diese Unerreichbarkeit Gottes ein Ding der Unmöglichkeit: Wie kann das sein! Die Erfahrung totaler Verlassenheit steht in Spannung zu dem Vertrauen, mit dem er beharrlich Gottes rettende Nähe herbeifleht Dreimal spricht er ihn in den ersten beiden Versen mit „*mein* Gott“ an, in V. 11 dann noch einmal. Die exklusive Bindung, die in dieser Anrede zum Ausdruck kommt, legt sich wie ein nicht zu erschütterndes Vertrauen als Klammer um den ersten Teil seiner Klage gegen Gott, der ihn ohne erkennbaren Grund im Stich gelassen hat.

Der Beter nimmt seine Gottverlassenheit nicht hin. Mit einem betonten „Du aber …“ spricht er Gott als den Heiligen an, der über den Lobgesängen Israels thront, und erinnert ihn an das nicht enttäuschte Vertrauen der Vätergeneration (V. 4–6). Nach altem hebr. Verständnis war der Raum zwischen Himmel und Erde erfüllt von den Lobgesängen Israels, über denen Gott als der ganz Andere thront. Die Lobgesänge waren Israels Antwort auf die verlässliche Rettung durch Gott, wenn sie zu ihm schrien. An diesen Zusammenhang von vertrauensvollem Schreien und göttlicher Rettung erinnert der Beter seinen Gott. Früher hat das „funktioniert". Warum gilt das heute nicht mehr? Bist du noch derselbe, den Israel bis jetzt als verlässlich gepriesen hat?

Dreimal steht in den Versen 4–6 das Verb „vertrauen", genauso häufig wie „mein Gott" in den ersten drei Versen. Es sieht so aus, als vertraue der Beter gegen alle Enttäuschung darauf, dass seine Gottverlassenheit nicht das letzte Wort über sein Schicksal ist.

Für den Beter bedeutet die Erfahrung seiner Gottverlassenheit den Verlust seines Menschseins (V. 7–9): Während Du, Gott, hoch über den Lobgesängen Israels thronst, komme ich mir vor wie ein Wurm, der sich unten auf der Erde windet – winzig und wertlos, schwach und leicht zu zertreten. Noch mehr setzt ihm der Spott der Leute zu, die Verachtung, die ihm überall entgegen schlägt. Mit ihren abfälligen Bemerkungen und Gesten machen sie ihm deutlich, dass er nicht mehr dazu gehört und Gott ihn offenbar abgeschrieben hat. Diese offene Ablehnung ist wie Salz in die Wunde seiner Glaubenszweifel und seines seelischen Ringens.

Vom „ich aber" geht der Beter wieder in die Du-Anrede über und beschwört seine Gottesbindung von seinem Ursprung her **(V. 10–12)**. Diese Verse sind ganz vom Vertrauen getragen. Am Ende von V. 11 steht wieder bewusst „*mein* Gott". Nach der kollektiven Erinnerung an JHWHs Machttaten für Israel vom Anfang seiner Geschichte an (V. 4–6) folgt nun die persönliche Erinnerung an seinen eigenen Ursprung. Die Geburt aus dem Mutterschoß ist zugleich die Geburt seiner Gottesbeziehung. Wenn Gott ihn aus dem Mutterleib gezogen und an die Brust seiner Mutter gelegt hat, so bedeutet das für ihn, ins Gottvertrauen hineingeboren zu sein. Leben und Gottverstrauen bilden eine unauflösbare Einheit. Wenn also Gott selbst sein Geburtshelfer war und den Ursprung seines Lebens wie das Fundament seines Glaubens gelegt hat, wie kann er ihn jetzt so enttäuschen. Der Beter bleibt doch sein Leben lang auf Gott angewiesen. Diese Abhängigkeit empfindet er wegen der Rätselhaftigkeit seiner Gottverlassenheit als bedrohlich. Darum der Appell an seinen Gott, ihn jetzt nicht im Stich zu lassen, wo weit und breit keine Hilfe in Sicht ist.

Seine unmittelbare und sehr existenzielle Bedrohung veranschaulicht er mit verschiedenen Bildern und Metaphern. Er fühlt sich wie von aggressiven Stieren, Büffeln, Löwen und Hunden umringt, die sich jeden Augenblick auf ihn stürzen können, oder wie von einer Rotte Übeltäter umzingelt, die ihm keinen Ausweg mehr lassen. Mit der Verlosung seiner Kleider nehmen sie seinen Tod schon voraus. Die Aussichtslosigkeit eines Entkommens wird noch mit der physischen Entkräftung und dem fortschreitenden Zerfall seines Körpers unterstrichen. Es sieht so aus, als sei die Vernichtung seiner Person, diese kostbare Gabe Gottes, nicht mehr abzuwenden, wenn Gott diesem destruktiven Geschehen nicht ein schnelles Ende setzt (V. 12–19).

Mit dem erneuten „Du aber..." nimmt der Beter die Bitte um Rettung von V. 11 wieder auf und nennt Gott zum ersten Mal „JHWH". Jetzt muss Gottes Nähe für ihn als „*seine* Kraftquelle" zur unmittelbaren Erfahrung werden. Die Zeit drängt („*eile* mir zu helfen!"). Wenn seine Gegner schon um seine Kleider losen, ist ein weiteres Zögern nicht mehr möglich. Sein „einziges Gut", „sein Leben", soll dem Rachen des Löwen, der Gewalt des Hundes und der Schärfe des Schwertes von den Hörnern des Wildstiers her entrissen werden. Die Hörner des Wildstiers sind im AT Symbol für Gottes Macht. – Dann plötzlich die Gewissheit, dass JHWH ihn erhört hat (V. 20–22). Wie ist dieser Erfahrungsumschwung zu erklären?

Er ergibt sich aus dem bisherigen Gebetsprozess. Trotz seiner lebensbedrohlichen und aussichtslosen Lage hat der Beter von Anfang an den Kontakt zu Gott nicht abreißen lassen. Er hat das kollektive Vertrauensgedächtnis Israels in die Verlässlichkeit von Gottes rettender Nähe (V. 4–6) ihm gegenüber ebenso ins Spiel gebracht wie seine persönlichen Vertrauenserinnerungen an ihn (V. 10–11). Das ganze Klagelied ist von Anfang an (V. 2.12.20) ein Ringen um Gottes Nähe. Sie wird ihm am Ende (V. 22) geschenkt.

2. V. 23–32: Der erste Teil des Lob- und Dankliedes (V. 23–27) setzt die Du-Anrede an JHWH fort. Der Beter will seinen Brüdern von dem plötzlichen Umschwung seines Schicksals erzählen, sie teilhaben lassen an seiner Erfahrung, dass JHWH ihn aus all seiner Not und aus seinem ganzen Elend herausgerissen hat. Er will wieder einstimmen in den Lobpreis Israels, der von seinen Ursprüngen her als Antwort auf JHWHs verlässliche Rettung den Raum zwischen Erde und Himmel erfüllt. Alle Nachkommen Jakob-Israels sollen mit ihm ihre Stimme zum Herrn erheben, „denn er hat nicht verachtet, nicht verabscheut das Elend des Gebeugten." Er hat sein Antlitz nicht vor ihm verborgen und sein Schreien erhört. Das heißt für ihn und alle, die ihn verachtet und ausgeschlossen haben, dass JHWH nahe ist, wo seine Getreuen leiden und die Rätselhaftigkeit seines Schweigens beklagen. Von diesem Einbruch des Göttlichen sollen alle sich ergreifen lassen und erschauern. JHWH hat, anders als die Leute, den vom Schicksal Geschlagenen nicht als unreinen, am Boden sich windenden Wurm gesehen. So ist es Gott selbst, der ihm den Lobgesang ins Herz geschrieben und in den Mund gelegt hat, damit alle, „die ihm ehrfürchtig dienen", davon mitgerissen werden. Das zu erfüllende Gelübde ist, wie im nächsten Vers (27) ausgeführt wird, ein Dankopfer (vgl. Lev 7,11–13).

Zu diesem zweitägigen Opfermahl sind die *anawim*, die Armen, die elend dran sind, geladen. Das sind Menschen, die gesellschaftlich am Rand stehen, also nicht nur die materiell Armen, sondern auch Leute, die aufgrund ihrer Überzeugung oder durch Schicksalsschläge, vielleicht auch durch eigenes Missgeschick in eine soziale Schieflage geraten sind, sich aber ein unerschütterliches Vertrauen in Gottes Beistand bewahrt haben und ihr Leben weiter auf ihn ausrichten. Es sind Menschen, die wirklich leiden und nicht aus eigener Kraft ihr Schicksal wenden können. Sie sollen essen und richtig satt werden. Sein Zeugnis soll sie in ihrem Gottvertrauen bestärken und sie einstimmen lassen in seinen Lobgesang auf JHWH. In dieser feiernden Glaubensgemeinschaft soll ihr Herz aufleben „für immer“. Diese zeitliche Ausweitung wird im zweiten Teil des Dankliedes noch ins unbegrenzt Räumliche ausgedehnt.

Allen „Enden der Erde“, der gesamten Völkerwelt wird die Chance gegeben, sich zu JHWH zu bekehren und seine Königsherrschaft über alle Völker anzuerkennen. Lebende und Verstorbene, gegenwärtige und vergangene Generationen werden sich beugen und seiner Herrschaft unterwerfen. Selbst kommende Generationen werden ihm dienen, denn auch an sie wird die Botschaft seiner machtvollen Taten weitergegeben. Sie werden von seiner Gerechtigkeit berichten, dass er das Elend der Armen gesehen und ihr Schreien gehört hat. Der über den Lobgesängen Israels thront, lässt sich vom Elend er Armen berühren und handelt. Diese Gewissheit wird noch einmal im letzten Satz betont: „Ja, er hat gehandelt!“. Denn er bleibt sich treu.

Die ganze Spannweite zwischen gelebtem Gottvertrauen und seiner Anfechtung durch schmerzlich erlittene Gottverlassenheit, die in Psalm 22 ungeschminkt zur Sprache kommt, gibt vielen Menschen Worte, die weder den eigenen Schmerz relativieren noch das Glück über den plötzlichen Wandel bagatellisieren.

Psalm 23 –
Der Herr ist mein Hirt

1 Der Herr[4] ist mein Hirt,
nichts wird mir fehlen.
2 Er lässt mich lagern auf grünen Auen
und führt mich zum Ruheplatz am Wasser.
3 Er lässt meine Lebenskraft zurückkehren
und führt mich auf Wegen des Heils
um seines Namens willen.

4 Muss ich auch gehen in finsterer Schlucht,
ich fürchte kein Unheil,
denn Du bist bei mir;
Deine Keule und Dein Stab geben mir Zuversicht.

5 Du bereitest mir ein Mahl
vor den Augen meiner Feinde.
Du salbst mein Haupt mit Öl,
Du füllst mir reichlich den Becher.

6 Nur Glück und Güte werden mir folgen
mein Leben lang.
Dann werde ich heimkehren und wohnen im Haus des
Herrn für lange Zeiten.

Hinführung: Psalm 23 ist ein von reicher Lebenserfahrung getragener Vertrauenspsalm. Der erste Teil (V. 1–4) beginnt mit der Erfahrung des Beters, dass JHWH ihn sicher durch ein gefahrvolles Leben geführt hat. Wie der Hirt sein Leben mit der Herde teilt, immer mit ihr unterwegs ist bei Tag und bei herein-

4 Hebräisch: JHWH.

brechender Nacht, ständig auf der Suche nach Wasser, Weide und sicheren Lagerplätzen, so war JHWH mit ihm. Im zweiten Teil (V. 5–6) beschreibt er, wie JHWH ihm Gastrecht und Gastfreundschaft gewährt, als seine Verfolger ihm auf den Fersen sind, sie so auf sichere Distanz hält und ihm sicheres Geleit zu seinem Ziel gibt.

1. V. 1–3: Im Bild des Hirten sammelt der Beter die Erfahrungen seines bewegten Lebens. Schon Jakob sagte am Abend seines Lebens: „Der Herr war mein Hirt mein Leben lang, bis auf den heutigen Tag“ (Gen 48,15). Im Rückblick auf ein Leben voller Gefahren und Risiken sieht der alttestamentliche Beter Gottes schützende und belebende Gegenwart: Nichts hat ihm gefehlt. Auch Orte des Verweilens und Zeiten der Ruhe waren ihm vergönnt. So konnte seine Seele Schritt halten und neue Lebenskraft ihm zuwachsen, selbst bei weiten Wegstrecken.

Die Wege, die dieser Hirte führt, sind gangbar und überfordern nicht. Es sind Wege des Heils: Sie lassen das Leben gelingen. Gott handelt so an uns „um seines Namens willen“; es entspricht seinem Wesen, seiner inneren Treue zu sich selbst: „Die Pläne seines Herzens gehen von Geschlecht zu Geschlecht ..., die Menschen dem Tod zu entreißen und sie am Leben zu erhalten in der Not ihres Hungers“ (Ps 31,11.19).

In den Worten des Psalms klingt die Urgeschichte Israels an – der Exodus zum Land der Verheißung. Der Weg führte durch „Steppen und Schluchten“, durch „dürres und finsteres Land“, ein „Land, das keiner durchwandert und niemand bewohnt“ (Jer

2,6). Trotzdem hat Israel in den vierzig Jahren seiner Wüstenwanderung die Erfahrung gemacht: „JHWH, Dein Gott, war mit dir: Nichts hat dir gefehlt“ (Dtn 2,7).

An der Glaubenserfahrung einer Gemeinschaft und ihrer Tradition kann der Glaube des Einzelnen neu lebendig werden und ihn hoffnungsvoll in die Zukunft schauen lassen: Mir wird nichts fehlen! Ein starkes Gottvertrauen und Selbstbewusstsein spricht aus den ersten Versen des Psalms. *Der Herr* ist mein Hirt – und sonst niemand!

2. V. 4: Diese innere Gewissheit und Zuversicht gehen dem Beter auch nicht verloren im Blick auf die Widrigkeiten des Alltags, auf die Gefahren und Risiken des Lebens. Die Bilder im zweiten Abschnitt des Psalms erinnern an die Gefahren, denen eine Herde in den tief eingeschnittenen, engen Tälern und Schluchten der Berge Palästinas ausgesetzt ist. Mit der kurzen Keule aus hartem Holz konnte der Hirte Räuber und wilde Tiere abwehren, mit dem Hirtenstab gefährdete Tiere an schwierigen Stellen des Weges führen und ihnen Halt geben. Die Realität des Alltags ist keine Hirtenidylle. Der Psalm ermutigt zu einem Weg, sich dieser Realität zu stellen und mit ihr zu leben. Der Beter vertraut auf die Zusage, die im Gottesnamen JHWH liegt: Ich bin mit dir. Ich behüte dich, wohin du auch gehst (vgl. Gen 28,15).

2. V. 5–6: Im dritten Abschnitt wechselt der Beter in ein neues Bild, ohne den Grundtenor seines Betens zu ändern. Als die Bedrohung durch heimtückische Gegner für ihn zur ernsten Gefahr wird, flieht er vor seinen Verfolgern in den Schutz JHWHs. Im alten

Orient ist die Gastfreundschaft so unantastbar, dass der Gast dem Zugriff der Verfolger entzogen ist. Ohnmächtig müssen sie vor dem Eingang des Hauses oder Zeltes zusehen, wie der Verfolgte von JHWH geehrt und mit einem üppigen Festmahl gefeiert wird. Dieses Mahl wird schon auf das endzeitliche Festmahl hin transparent, das alle feiern dürfen, die in JHWH ihren guten Hirten gesehen und auf ihn ihre Hoffnung gesetzt haben (Jes 25,6–9). Mit der Gewissheit, dass Gott den Verfolgten Gastrecht in seinem Haus gibt und die Verfolger leer ausgehen, kehrt der Beter in die Anforderungen seines Alltags zurück. Die Erfahrung, von Gott persönlich angenommen und geliebt zu sein (*Glück*), und die Erfahrung, dass er seine bergende und erfrischende Gegenwart mit ihm teilt (*Güte*), bestimmen die Grundmelodie seines Lebens. Er kann die Einladung, im Haus des Herrn Zuflucht, Ruhe und Stärkung zu finden, immer wieder annehmen, solange er lebt.

Der Psalm ruft auch den „guten Hirten" in Erinnerung, der sein Leben für seine Schafe einsetzt (Joh 10,15). In Jesus von Nazareth hat Gottes Hirtensorge um jeden einzelnen Menschen Antlitz und Gestalt bekommen (Lk 15,4–7). Beim Mahl, das er zum Gedächtnis seiner Hingabe gestiftet hat, verheißt er seinen Jüngern: „Ihr werdet essen und trinken an meinem Tisch in meinem Reich" (Lk 22,20). Der Weg der Jünger führt wie der Weg Jesu durch „Anfechtungen" in das Leben, das vom Tod nicht mehr berührt wird.

Vielleicht ist es beim Betrachten dieses Psalms eine Hilfe, einfach bei den Urbildern und Symbolen zu verweilen, die von der Gotteserfahrung des alttestamentlichen Beters sprechen und sich dafür die Augen öffnen zu lassen: *der gute Hirt, die grüne Auenlandschaft, der ruhige Rastplatz am frischen Wasser, der sicher geführte Weg, der gedeckte Tisch mit einem üppig bereiteten Festmahl, die Atmosphäre der Freundschaft und Sicherheit inmitten einer unheilen Welt.*

Psalm 25 –
Deine Wege, Herr, lass mich erkennen

1 Zu Dir, JHWH; erhebe ich meine Seele.

2 Mein Gott, auf Dich vertraue ich,
lass mich nicht scheitern!
Lass meine Feinde nicht über mich triumphieren!
3 Alle, die auf Dich hoffen, werden nicht zuschanden,
zuschanden werden, die leichtfertig treulos sind.
4 Deine Wege, JHWH, lass mich erkennen!
Deine Pfade lehre mich!
5 Führ' mich den Weg in Deiner Treue
und lehre mich!
Denn Du bist der Gott meiner Rettung (meines Heils),
auf Dich setze ich meine Hoffnung den ganzen Tag.
6 Gedenke Deines Erbarmens , JHWH,
und der Taten Deiner Treue,
denn sie sind seit Ewigkeit!
7 Der Verirrungen meiner Jugend
und meiner Vergehen (Abtrünnigkeiten) gedenke nicht!
Nach Deiner Treue gedenke meiner,
Du, um Deiner Güte willen, JHWH!

8 Gut und wahrhaftig (gerade) ist JHWH,
darum unterweist er Abgeirrte über den Weg.
9 Die Gebeugten (Elenden) führt er im Gericht,
die Demütigen lehrt er seinen Weg.
10 Alle Pfade JHWHs sind Treue und Wahrheit
für die, die seinen Bund und seine
Bestimmungen (Zeugnisse) wahren.

11 Um Deines Namens willen. JHWH,
verzeih mir, denn meine Schuld ist groß!

12 Wer ist der Mensch, der JHWH fürchtet?
Er wird ihn unterweisen über den Weg,
den er gehen soll.
13 Er wird im Glück wohnen,
und seine Nachkommen werden das Land besitzen
14 Der Ratschluss JHWHs steht denen offen,
die ihn fürchten,
und sein Bund, um ihnen Erkenntnis zu schenken.
15 Meine Augen schauen stets auf JHWH,
denn er wird meine Füße herausführen aus dem Netz.

16 Wende Dich mir zu und sei mir gnädig,
denn ich bin einsam und elend!
17 Bedrängnisse haben meine Herzenseinsicht
weit gemacht,
führe mich (aber jetzt) heraus aus meiner Bedrängnis!
18 Sieh mein Elend und meine Mühsal!
und vergib mir all meine Verfehlungen!
19 Sieh meine Feinde, wie zahlreich sie sind,
und wie sie mich hassen mit tödlichem Hass!
20 Bewahre mein Leben und rette mich,
dass ich nicht zuschanden werde,
denn zu Dir habe ich mich geflüchtet.
21 Lauterkeit und Geradheit sollen mich beschützen,
denn auf Dich habe ich meine Hoffnung gesetzt.

22 O, Gott, erlöse Israel
aus all seinen Bedrängnissen!

Hinführung: Bei diesem Psalm sind die Zeilenanfänge nach der Buchstabenfolge des hebräischen Alphabets gestaltet. Man nennt diese Form Akrostichon. Es fällt auf, dass die Verse 1–15 zehnmal vom Gottesnamen JHWH und siebenmal vom Bild des Weges durchwebt sind. Das wird nicht ohne Absicht gewesen sein.

Die beiden Abschnitte mit den an JHWH gerichteten Bitten (V. 2–7 und 16–21) rahmen die beiden mittleren Strophen (V. 8–10 und 12–15). Sie sprechen von JHWHs lauterem und geradlinigen Handeln und von seinen Auswirkungen auf das Verhalten des Gottesfürchtigen. Die beiden mittleren Strophen umschließen wiederum den zentralen V. 11, der JHWHs innerstes Wesen und ihm entsprechendes Handeln an Israel nach dem Sündenfall mit dem goldenen Stierbild am Sinai (Ex 31,18–32,25) in Erinnerung ruft, als er seinem Volk auf die Bitten des Mose einen Neuanfang ermöglichte (Ex 34,1–10). Aus diesem Gedenken (*zkr*) resultiert die Gewissheit des atl. Beters, dass JHWH ihm seine Schuld vergeben wird, auch wenn sie noch so groß ist.

1, V. 1–7: Mit ungeteilter Aufmerksamkeit und gläubigem Vertrauen richtet der atl, Beter seine ganze Zuversicht auf JHWH. Mit allem, was ihn als Person ausmacht und was ihn bedrückt, wendet er sich an „seinen" Gott! und fleht ihn an, dass er mit seinem Leben nicht scheitern und seine Feinde nicht über ihn triumphieren mögen. Persönliches Scheitern und der drohende Triumph seiner Feinde scheinen in einem inneren Zusammenhang zu stehen. Das Vertrauen des Beters gründet in der Erfahrung, dass alle, die auf JHWH ihre *ganze* Hoffnung setzen, nicht scheitern und nicht beschämt werden, wohl aber die, die sich schon um kleiner Vorteile willen als treulos erweisen. Er ist sich bewusst, dass seine eigene Lebensführung in der Vergangenheit nicht dem entsprochen hat, was er jetzt von Gott erbittet. „Deine Wege lass mich erkennen!" Er will den Weg gehen, den JHWH für ihn bestimmt hat. Er bittet hier nicht um Unterweisung in der Tora, sondern um Führung, um innere Klarheit und Entschiedenheit in komplexen existenziellen Lebenssituationen.

Mit dieser Bitte erinnert er JHWH an die Bitte des Mose um Belehrung und Weggeleit durch die Wüste nach dem Sündenfall mit dem goldenen Stierbild am Sinai (Ex 33,13). JHWHs Treue und Verlässlichkeit lassen den Beter unablässig hoffen, dass sein Bitten und Flehen bei ihm Gehör findet. Er erinnert JHWH an sein Erbarmen, dass er in so vielen „Taten seiner Treue" unter Beweis gestellt hat. So hofft er, dass auch die gravierenden Verirrungen und Treuelosigkeiten gegenüber Gott bei ihm ein barmherziges Vergeben und Vergessen finden. Mit der betonten Du-Anrede bittet er JHWH, nicht auf seine Taten, sondern auf ihn als Person und die neue Ausrichtung seines Lebens zu schauen.

2. V. 8–16.11: Auf den Appell an JHWHs Güte und Treue (V. 6.f) preist er nun seine Güte und Wahrhaftigkeit (Geradlinigkeit), mit der er die vom Weg Abgeirrten und ihrer Schuld Bewussten unterweist, sich der von Schuld und Schicksal Gebeugten *(anayyim)* und Demütigen *(anawim)* annimmt und ihnen neue Lebensorientierung und Hoffnung gibt. Sie gehören zu denen, "die seinen Bund und seine Bundesbestimmungen (Zeugnisse) bewahren." Denn sie haben erfahren, dass alle Pfade JHWHs Treue und Wahrhaftigkeit sind. So möchte der Beter seine Hoffnung auf Vergebung wie einst Mose auf JHWHs Wort gründen: „JHWH ist ein barmherziger und gnädiger Gott, langmütig und reich an Güte und Treue. Er bewahrt tausend Generationen seine Treue, nimmt *Schuld, Abtrünnigkeit* und *Verirrung* weg, aber er lässt (die Schuldigen) keineswegs einfach ungestraft" (Ex 34,5–7). Diese drei Sündenbegriffe finden sich auch hier in unserem Psalm.

„Um Deines Namens willen, JHWH" (V. 11) – aus diesem überwältigenden Handeln JHWHs am Anfang der Geschichte seines Volkes Israel nimmt der Beter seine Zuversicht, dass auch ihm seine große Schuld vergeben wird, dass Gott wie damals in einem schöpferischen Akt ihm einen wirklichen Neuanfang schenkt.

3. V. 12–15: Im zentralen Vers 11 hatte der Beter mit der Bitte um Verzeihung seinen tiefsten Herzenswunsch ausgesprochen. Am Beispiel von Ex 34,6 hatte er erkannt, dass alles, was JHWH um seiner selbst willen tut, dem Menschen zugute kommt. Wer wie Mose ein Mensch ist, „der (allein) JHWH fürchtet", den wird er „unterweisen über den Weg, den er gehen soll". So wird sein Leben gradlinig und zielstrebig. Er wird im Glück wohnen und selbst nach seinem Tod werden sich an seinen Nachkommen die Verheißungen erfüllen (vgl. Dtn 4,1; 5,33 u.ö.). Gottesfürchtige leben in Gemeinschaft mit JHWH. Sie haben Teil am Geheimnis seines Ratschlusses und an der Erkenntnis, die ihnen der am Sinai-Horeb neu geschlossene Bund mit seinen Bestimmungen (Tora) schenkt. So versteht auch der Beter die Vergebung seiner Verfehlungen als Bundeserneuerung nach Ex 32–34.

V. 15 ist Ausdruck seines Lebens in der Gegenwart JHWHs, der ihn aus dem Netz vergangener Verfehlungen herausführen und vor neuem Schuldigwerden bewahren wird.

4. V. 16–21: Die in diesem Abschnitt an Gott gerichteten Bitten sprechen von der Einsamkeit des Beters und seinem Elend, von den Bedrängnissen seines Herzens, von der Mühseligkeit seines gegenwärtigen Lebens, von seinen vielen Verfehlungen sowie von der großen Zahl seiner Feinde und dem gefährlichen Gewaltpotential, das sie für ihn darstellen. Die Bedrohung zu scheitern und von seinen Feinden beschämt zu werden, wird ebenso wieder aufgegriffen wie die Bekräftigung seines Vertrauens und seiner Hoffnung, mit der er erneut sein Leben vor Gott zur Sprache bringt. Fast könnte man meinen, in seinem Beten sei nichts geschehen. Doch in Wirklichkeit hat sich Entscheidendes verändert. Er bleibt zwar vor Gott ein Bittender, aber ihn trägt von der Mitte des Psalms her (V. 11) die Gewissheit, dass Gott ihm vergeben und damit seine Situation grundlegend verändert hat. Das wird am Ende in V. 21 wie ein kraftvoller Schlussakkord festgehalten:

> „Lauterkeit und Geradheit sollen mich beschützen,
> denn auf Dich habe ich meine Hoffnung gesetzt."

Gott hat die Ausrichtung des Weges für den von Schuld Befreiten zu seiner eigenen Sache gemacht. Der Beter wird weiter in der Spannung von Schuld und Vergebung leben; er wird weiter durch bedrängende Erfahrungen dazu lernen und seinen „Horizont" (seine Herzenseinsicht) erweitern; er wird immer wieder durch seine Ausrichtung auf JHWH in Isolation zu seinem bisherigen Umfeld geraten und lebensgefährlichen Anfeindungen ausgesetzt sein; es wird immer wieder Situationen und Zeiten geben, in denen er sich einsam und elend fühlt und den leidenschaftlichen Wunsch verspürt, endlich mal aus aller Enge und Bedrängnis herausgenommen zu sein. Als Bittender. der stets seine Augen auf den Herrn gerichtet hat (V. 15a) und im Bewusstsein seiner Gegenwart lebt, wird er sich immer neu als von Gott Beschenkter erfahren dürfen.

V. 22: Der letzte Vers ist ein späterer Nachtrag, der die Erfahrung des von Schuld befreiten Beters auf das ganze Volk ausweitet. Der Psalm nimmt so das Gottesverhältnis aller in den Blick, die in der Gegenwart JHWHs leben und seiner Wegweisung folgen wollen.

Ps 27,1–6 (I) – Der HERR ist mein Licht und mein Heil

1 Der Herr[1] ist mein Licht und mein Heil,[2]
vor wem sollte ich mich fürchten?
Der Herr ist die Zuflucht meines Lebens,[3]
vor wem sollte ich mich erschrecken?

2 Drangen Leute auf mich ein, die Böses im Sinn hatten
und meinem Leben ein Ende machen wollten,
meine Bedränger und Feinde
sie sind gestrauchelt und gefallen.

3 Mag auch ein Heer gegen mich lagern,
mein Herz fürchtet sich nicht.
Und bricht ein Kampf gegen mich los,
so bleibe ich dennoch voll Zuversicht.[4]

4 Eines erbitte ich vom Herrn,
danach will ich suchen:
im Haus des Herrn zu bleiben
alle Tage meines Lebens,
die Schönheit des Herrn zu schauen
und zu betrachten in seinem Tempel.

5 Denn er birgt mich in seiner Hütte
am Tag des Unheils.
Er gibt mir Schutz in seinem Zelt,[5]
und hebt mich auf einen Felsen empor.

---

1 Hebräisch: JHWH.
2 Wörtlich: Rettung.
3 Wörtlich: die Festung, Fluchtburg, der sichere Ort für mein Leben.
4 Oder: Vertrauen.
5 Wörtlich: Er versteckt mich im Versteck seines Zeltes.

[6] Dann kann ich mein Haupt erheben
über meine Feinde ringsum.
Ich will Opfer darbringen in seinem Zelt,
Opfer mit Jubel,
dem Herrn will ich singen und spielen.

Hinführung: Der Psalm gliedert sich in zwei Teile. Der erste Teil (V. 1–6) ist ein Vertrauenspsalm, der zweite Teil (V. 7–13) ein Klagelied. Beide Teile bilden eine ursprüngliche Einheit: Ein unschuldig Verfolgter bekennt – noch fern vom Tempel, wo er Rettung vor seinen „Bedrängern und Feinden" sucht – sein ungebrochenes Vertrauen, dass JHWH ihm dauerhaft Schutz und Geborgenheit geben wird. Im Heiligtum angekommen, sucht er JHWHs Angesicht und fleht um das definitive Ende der dramatischen Notsituation, die er von sich aus nicht lösen kann. V. 14 deutet die in beiden Teilen geäußerte Gottsuche als kämpferischen Weg im Vertrauen auf JHWHs zugewandtes Antlitz.

1. V. 1–3: Eine ungewöhnliche Gelassenheit spricht aus den ersten Versen des Psalms. Der Beter weiß sich in JHWHs Händen geborgen, getragen von der Treue des lebendigen Gottes zu ihm. Dieses Vertrauen hat ihn befreit von aller ängstlichen Sorge um sich selbst, und so kann er den lebensbedrohenden Mächten ruhig entgegensehen.

Diese Glaubenskraft ist ihm zugewachsen in einem konfliktreichen Leben mit Anfeindungen, die ihn zu Boden geworfen hätten, wäre in ihm nicht etwas lebendig geblieben, das allen Angriffen zum Trotz standgehalten hat. Mit starken Bildern äußerster Lebensbedrohung beschreibt der Beter die Schicksalsschläge, die seinem Leben ein Ende machen könnten. Und dennoch: JHWH und kein anderer gibt mir Zuversicht:

Der Herr ist mein Licht und mein Heil,
vor wem sollte ich mich fürchten?

Der alttestamentliche Beter hat es an sich erfahren müssen, und er hat sich damit abgefunden, dass eine tiefe Vertrautheit mit Gott nur heranreifen kann in Kampf und Bedrohung, in Auseinandersetzungen, die über seine Kräfte gehen. Hier bekam sein Leben Konturen und er entdeckte die Hand, die ihn festhielt und führte in eine unbekannte und doch sichere Zukunft. Es ist, als wenn sich im Beter die Erfahrung des Volkes Israels wiederholte, das unterwegs blieb zum Land der Verheißung, solange es sich der Angst vor übermächtigen Feinden nicht auslieferte …

2. V. 4–6: Und doch lebt in jedem Glaubenden die Sehnsucht, einmal Ruhe zu haben und Frieden, einmal loszukommen von der Last ständiger Herausforderung und Bedrohung, einmal im Kraftfeld Gottes verweilen zu können und die Erfahrung tiefer Geborgenheit in ihm zu verkosten.

Dreimal wird JHWH, der Herr, in V. 4 genannt und in V. 6 am Ende noch einmal. Urbilder der Geborgenheit tauchen auf und werden dem Beter lebendig: Hütte und Zelt Gottes und der Fels, allesamt poetische Ausdrucksweisen für den Jerusalemer Tempel und zugleich Bilder für Schutz und Versteck. Der Herr kann ihn „bergen“, „verstecken“ und für den Feind unerreichbar „emporheben“. Dann kann er auch ungestört an der Schönheit der liturgischen Feiern teilnehmen. Diese Metaphern wiederholen noch einmal die leidenschaftliche Sehnsucht des Psalmisten, einmal herausgenommen zu sein aus der ständigen Einforderung von außen, um auszuruhen unter dem Antlitz JHWHs und Atem zu holen in Anbetung, Lob und Dank. Der Jerusalemer Tempel steht für die rettende Gegenwart JHWHs. Sie ist aber nicht an den Tempel gebunden und kann überall erfahren werden.

Der Psalm wird für jeden, der ihn betet, eine starke Herausforderung sein. Wer ist schon davon überzeugt, dass eine tiefe Verwurzelung in Gott erst heranreift in Kampf *und* Kontemplation? Wer ist schon davon überzeugt, dass im Aushalten von Angst und Bedrohung, dass in Konflikten, die über die eigenen Kräfte gehen, erst jene Gelassenheit durchkommt, die der Beter in die Worte fasst:

Der Herr ist mein Licht und mein Heil,
vor wem sollte ich mich fürchten?

Wer ist schon davon überzeugt, dass ein Leben seine Dynamik und Fruchtbarkeit verliert, wenn es nicht getrieben wird von der leidenschaftlichen Sehnsucht, bei Gott zu sein?

3. Die Erfahrung des alttestamentlichen Beters findet sich bei Paulus in ähnlicher Weise wieder, wenn er im zweiten Korintherbrief schreibt:

Von allen Seiten werden wir in die Enge getrieben
und finden doch Raum;
der Weg wird uns abgeschnitten und wir entkommen doch;
wir werden gehetzt und doch nicht eingeholt;

wir werden niedergestreckt und sind doch nicht verloren.
Ständig tragen wir die Todesleiden Jesu an unserem Leib,
damit auch das Leben Jesu an unserem Leib sichtbar wird.
Denn solange wir leben, sind wir um Jesu willen
dem Tod ausgeliefert,
damit auch Jesu Leben sich an unserem sterblichen Leib
offenbare …
Wir wissen, dass der, der Jesus auferweckt hat,
auch uns mit Jesus auferwecken wird …
Darum werden wir nicht müde.
Und wird auch unser äußerer Mensch aufgerieben,
der innere wird neu Tag für Tag (2Kor ,8–11.14a.16).

Das Neuwerden von innen her ist geradezu *das* Kriterium dafür, dass einer mit seinem Leben auf der rechten Spur ist.

4. Von diesem Psalm kann man auch lernen, wie man mitten in der Angst gegen die Angst betet. Gegen die starken Bilder existenzieller Gefährdung und Angst, die auch in unseren Träumen aufsteigen können, setzt der alttestamentliche Beter Gegenbilder, die an Gottes rettende Macht erinnern und ihm Halt und Zuversicht geben: *„Licht“* wird mit dem Anbrechen des neuen Tages und mit dem Aufgehen der Sonne assoziiert, die das bedrohliche und unheimliche Dunkel der Nacht beendet. *„Rettung“* ist in biblischer Tradition meist Rettung aus der Bedrängnis durch äußere und innere Feinde. „Festung“ oder *„Fluchtburg“* bedeutet der auf einer Felshöhe gelegene sichere Zufluchtsort, wohin Menschen sich flüchten können und für den Feind unerreichbar bleiben. Wenn solche Bilder im eigenen Herzen Raum gewinnen und sich entfalten, beenden sie zwar nicht die Angst des Beters, aber sie

nehmen ihr die lähmende und destruktive Macht: Der Herr ist mein Licht und meine Rettung, vor wem sollte ich mich fürchten. Der Herr ist meine Fluchtburg, vor wem sollte ich mich erschrecken? Der Herr und sonst niemand!

Psalm 27,7–14 (II) – Dein Angesicht, Herr, will ich suchen

7 Höre, Herr[1], meine Stimme, da ich zu dir rufe,
sei mir gnädig und antworte mir.
8 Von dir sagt mein Herz:
„Sucht mein Angesicht!"
Dein Angesicht, Herr, will ich suchen.
9 Verbirg dein Angesicht nicht vor mir!
Weise deinen Knecht im Zorn nicht ab!
Du bist meine Hilfe gewesen –
Verstoß mich nicht,
verlass mich nicht,
Du Gott meines Heils[2]
10 Verließen mich auch Vater und Mutter,
der Herr nimmt mich auf.

11 Weise mir, Herr, Deinen Weg
und leite mich auf ebenem Pfad
wegen meiner (lauernden) Feinde!
12 Liefere mich nicht aus der Gier meiner Gegner!
Denn falsche Zeugen sind gegen mich aufgestanden,
ein gewalttätiger Ankläger!
13 Könnte ich doch gewiss sein,
zu erleben die Güte des Herrn
im Land des Lebens!

14 Hoffe auf den Herrn!
Sei stark, fest sei Dein Herz!
Hoffe auf den Herrn!

---

1 Hebräisch: JHWH.
2 Wörtlich: meine Rettung.

1. V. 7–10: Im zweiten Teil des Psalms spricht der Beter JHWH zum ersten Mal direkt an:

> „Höre, JHWH (Herr), auf meine Stimme,
> da ich zu dir rufe,
> sei mir gnädig und antworte mir!"

Mit den drei vehement geäußerten Bitten: „Höre!" „sei mir gnädig!" und „antworte mir!" entspricht der alttestamentliche Beter dem von Gott (einmal) geäußerten Wunsch: „Suchet mein Angesicht!", d.h. sucht die Erfahrung meiner Gegenwart und Nähe!

Seine starken Vertrauensäußerungen:

> „Dein Angesicht, Herr, will ich suchen."
> „Du bist meine Hilfe gewesen."
> „Du Gott meines Heils (meiner Rettung)"
> „der Herr nimmt mich auf."

wechseln mit ebenso heftigen Bitten, die sein Vertrauen in Gott zu erschüttern drohen:

> „Verbirg dein Angesicht nicht vor mir!"
> „Weise deinen Knecht im Zorn nicht ab!"
> „Verstoß mich nicht, verlass mich nicht!"

Der Beter weiß, dass sein Vertrauen in Gottes Gegenwart nicht als persönlicher Besitz zu betrachten ist, über den er jederzeit verfügen kann. Auch wenn er von der Erfahrung der Gottesferne aktuell nicht betroffen ist, so weiß er doch, dass die Erfahrung, von Gott verlassen oder gar verstoßen zu sein, sich als Abgrund für ihn auftun kann, vor allem, wenn er nicht ergründen kann, warum Gott ihn – wie es scheint – im Stich gelassen hat. Doch der Beter gibt allen Bedrohungen zum Trotz dem Vertrauen sein letztes

Wort: selbst wenn die nächsten Angehörigen nicht mehr zu ihm stehen, „der Herr nimmt mich auf."

2. V. 11–14: Den sieben Bitten der dritten Strophe folgen in der vierten Strophe drei weitere: um *Wegweisung*. Sie verdeutlichen, dass der Beter die innere Spannung zwischen dem Schauen von Gottes Schönheit, dem Verweilen in seiner Gegenwart (V. 4) *und* die lauernde Gefahr existenzieller Bedrohung von sich aus nicht lösen kann. Deshalb bittet er den Herrn um klare Weisung, damit er seinen Weg ohne Hindernisse und Stolpersteine fortsetzen kann und nicht zu Fall kommt. Seine Feinde warten nur darauf; falsche Zeugen und ein gewalttätiger Ankläger wollen dann über ihn herfallen und seinem Leben ein Ende machen. So ringt er weiter darum, sich der Angst vor übermächtigen Feinden nicht auszuliefern und den Weg JHWHs nicht zu verlassen. „Geh Deinen Weg vor mir her und sei ganz!" (Ex 17,1).

Er möchte JHWHs Güte erleben „im Land des Lebens". Seine Sehnsucht und Hoffnung überschreitet die Erfahrbarkeit Gottes, die uns Menschen hier möglich ist, und richtet sich aus auf eine Unmittelbarkeit, die uns in diesem Leben noch versagt ist. Deshalb stützt der Beter sich auf seinen durch Lebenserfahrung gefestigten Glauben und macht sich erneut darin fest: „Hoffe auf den Herrn! Sei stark, fest sei Dein Herz!" Mit ähnlichen Worten mahnt Mose die Israeliten vor dem Überschreiten des Jordan ins Gelobte Land (Dtn 31,6).

Wie beim ersten Teil des Psalms ist auch der zweite Teil vom Namen *JHWH* gerahmt (V. 7 und V. 14). Dieser Name ist wie eine Klammer, innerhalb der unser Vertrauen in Gottes Gegenwart und das Verlangen nach dem Aufgehobensein in seiner unmittelbaren Nähe *sowie* die Angst vor Anfeindungen und Kämpfen, die über die eigenen Kräfte gehen, miteinander ringen. Deshalb: JHWH: „Ich bin (immer) da, wo du bist!“ und „Geh Deinen Weg vor mir her und sei ganz!“

Psalm 30 – Du hast mein Klagen in Tanzen verwandelt

2 Ich will Dich rühmen[1], JHWH,
denn Du hast mich (aus der Tiefe) heraufgezogen
und meine Feinde nicht über mich
triumphieren lassen.
3 JHWH, mein Gott!
Ich schrie zu Dir und Du hast mich geheilt.
4 JHWH, Du hast mich heraufgeholt
aus dem Totenreich,
mich wieder ins Leben zurückgerufen[2] von denen,
die hinab zur Grube fuhren.
5 Singt JHWH, ihr seine Getreuen,
und preist seinen heiligen Namen.
6 Ein Augenblick (nur) währt sein Zorn,
ein Leben lang seine Güte[3],
ist am Abend Weinen, kommt am Morgen Jubel auf.

7 Ich aber sagte in meiner (Selbst)Sicherheit:
Ich werde in Ewigkeit nicht wanken!
8 JHWH, in Deiner Güte stelltest Du mich
auf mächtige Berge,
dann verbargst Du Dein Antlitz und ich war entsetzt.
9 Zu Dir, JHWH, rief ich
und zu (Dir), meinem Gott, flehte ich um Gnade.
10 Was hast Du vom Verlust meines Lebens[4],
wenn ich ins Grab hinabsteige?

---

1 Wörtlich: erheben.
2 Wörtlich: lebendig machen, beleben.
3 Wörtlich: Wohlgefallen (*rason*).
4 Wörtlich: Was nützt Dir mein Blut?

Kann (ein zu) Staub (Gewordener) Dich loben,
kann er deine Treue verkünden?
11 Höre, JHWH, und sei mir gnädig!
JHWH, sei Du mein Helfer!

12 Du hast mein Klagen in Tanzen verwandelt,
hast mein Trauergewand gelöst
und mich mit Freude umgürtet.
13 Darum singt Dir mein Herz
und will nicht verstummen.
JHWH, mein Gott, in Ewigkeit will ich dir danken.

Hinführung: Psalm 30 ist ein individuelles Danklied. Anlass ist die Rettung aus lebensbedrohlicher Not, vermutlich aus schwerer Krankheit oder Verfolgung und den Folgen für seine hinterbliebenen Familienangehörigen. Die Ursachen und Bilder der Not sind offen formuliert, sodass viele Beter ihre eigene Not und ihren Dank mit diesem Psalm vor Gott bringen können.

Der Psalm lässt sich am ehesten in zwei Abschnitte oder Strophen (V. 2–6 und 7–13) gliedern, die Rückschau, Rettung und Reflexion miteinander verbinden, um dann in den letzten beiden Versen (12–13) den durch erfahrenes Leid geläuterten Blick in Lob und Dank einmünden zu lassen.
1. 2–6: Der Psalm beginnt mit einer Aufforderung des Beters an sich selbst, JHWH lobend und dankend zu „erheben", der ihn aus der Macht und Abwärtsbewegung des Todes heraufgeholt und ins Leben zurückgerufen hat. Seine Worte beschreiben geradezu das Rettungshandeln Gottes, die Bewegung von „unten" nach „oben." Die lebensbedrohliche Tiefe wird mit

„Totenreich“ (Scheol), „Triumph“ oder „Schadenfreude der Feinde“ und „Grube“ verdeutlicht, die Bewegung nach „oben“ mit dem Hochziehen eines (ledernen) Schöpfeimers aus einem Brunnen oder einer Zisterne. Die Rettung umschreibt er mit „Heilung“, „beleben“ oder „lebendig machen“ und damit, dass JHWH ihn nicht der Schadenfreude seiner Feinde ausgeliefert hat. Das könnte den Verlust seiner sozialen Stellung bedeuten.

Der Beter war vermutlich jemand, der durch schwere Krankheit oder Verfolgung in unmittelbare Nähe des Todes geraten war und durch den Tod seinen sozialen Abstieg besiegelt hätte – mit katastrophalen Folgen für seine Familienangehörigen. Die Metaphern und Bilder lassen die ganze Bandbreite von Angst und Ausweglosigkeit lebendig werden, die ihn erschüttert und verstört haben. Seine Rettung hat ihn JHWH ganz neu und überwältigend als Ursprung seines Lebens erfahren lassen. Voll Staunen und Bewunderung schaut er auf ihn, der ihn ins Leben zurückgeholt hat.

Mit dieser Erfahrung will der Beter nicht allein bleiben. Gemeinsam mit ihm sollen die Getreuen JHWHs in sein Gotteslob einstimmen. Damit wird auch der Leser bzw. Hörer aufgefordert, JHWHs heiligen Namen zu preisen, der allein unser Leben vor dem Untergang bewahren kann – wie bei der Rettung Israels am Schilfmeer (Ex 14,1–14).

Dieses am eignen Leib erfahrene Paradigma von Gottes Handeln an seinen Getreuen führt nicht nur zur spontanen Reaktion von Lob und Dank, sondern zu einer Grundhaltung, in der das Leben von JHWH als Ganzes lobend und dankend angenommen wird. „Wahrhaft Lebende sind Lobende" (H. Spieckermann) und Dankende. Denn sie haben die Erfahrung gemacht, dass Gottes „Zorn" nur eine begrenzte Zeit dauert, seine Güte, sein Wohlwollen aber ein Leben lang nicht aufhört. Entsprechend werden Abend und Morgen mit begrenzter Trauer und anhaltendem Jubel über erfülltes Leben verbunden. In diesem theologischen Kernsatz kommt die zentrale Charakterisierung von Gottes Verhalten gegenüber jedem einzelnen Menschen zum Ausdruck: Die fundamentale Asymmetrie zwischen Gottes „Zorn" und seiner Güte, seinem Wohlwollen (*rason*) gegenüber allen Menschen: „Der Herr ist ein barmherziger und gnädiger Gott, langmütig und reich an Güte und Treue" (Ex 34,6).

2. V. 7–11: Auf dem Hintergrund der in V. 6 formulierten Einsicht in Gottes Beziehung und Verhalten zum Menschen erzählt der Psalmist im 2. Teil die tiefe Not, aus der JHWH ihn errettet hat. Dieser Rückblick beurteilt schonungslos seine an Vermessenheit grenzende Selbstsicherheit, die in dem Satz gipfelt: "Ich werde in Ewigkeit nicht wanken!" Erfolg, Gesundheit und Wohlergehen betrachtete er als Selbstverständlichkeit, wenn nicht gar als Folge seiner eigenen Leistung. Doch all das war allein auf dem von Gott gelegten Grund („mächtige Berge") möglich und musste in sich zusammenstürzen, sobald JHWH seiner Existenz den für selbstverständlich gehaltenen Boden entzieht: „Du verbargst Dein Antlitz und ich war entsetzt." Unversehens mit Gottes Abwesenheit konfrontiert, bricht sein Selbstbild und seine Welt in sich zusammen. Seine Bedürftigkeit und Verwiesenheit zeigt sich auch darin, dass er zweimal JHWH um Gnade anfleht (V. 9b.11a). Der Beter kann so ungeschminkt von der verlorenen Selbstsicherheit sprechen, weil ihm dadurch eine neue Einsicht geschenkt wurde, was seinem Leben letztlich neuen Halt gegeben hat, der durch nichts und niemand zerstört werden kann: „JHWH ist ein barmherziger und gnädiger Gott, langmütig und reich an Güte und Treue."

3. V. 12–13: In den beiden letzten Versen zieht der Beter das Resumé aus der durch eigene Erfahrung gewonnen Einsicht: Du hast mein Schicksal „gewendet", meine Trauer und mein Klagen in Jubel und Tanzen verwandelt. Du hast den Gürtel meines Sackgewandes gelöst und mir ein Festgewand angelegt. Die verstörende Gottesferne hast du in die Freude beglückender Gottesnähe gewandelt. Die ihm gewährte Freude steht im Kontrast zu der verweigerten Schadenfreude seiner Feinde. Sie lässt sein Herz laut werden, um Gott in Ewigkeit zu danken. Darin besteht die eigentliche Heilung des Beters (V. 3b), dass er seiner selbst sicher sein kann, wenn sein ganzes Leben zum Lob Seines Namens wird.

Psalm 31,2–9 (I) – Zu dir, JHWH, habe ich mich geflüchtet

2 Zu dir, Herr[1], haben ich mich geflüchtet,
lass mich doch niemals scheitern;
in deiner Gerechtigkeit rette mich!
3 Neige dein Ohr mir zu, eile, erlöse mich!
Sei mir ein schützender Fels,
eine feste Burg mich zu retten!
4 Denn du bist mein Fels und meine Festung;
um deines Namens willen führe und geleite mich!
5 Du befreist mich aus dem Netz,
das sie mir heimlich legten!
Denn meine Zuflucht bist du.

6 In deine Hand lege ich meinen Geist;
du hast mich erlöst, Herr, du treuer Gott.
7 verhasst sind mir alle,
die sich an nichtige Götzen halten;
ich aber verlasse mich auf den Herrn.
8 Ich will jubeln und mich freuen über deine Treue.
Denn du hast mein Elend angesehen,
dich meiner angenommen in der Not.
9 Du hast mich nicht der Hand des Feindes ausgeliefert,
auf weites Feld hast du meine Füße gestellt.

Hinführung: Ps 31 ist ein Vertrauenspsalm, der zwei einander ähnliche Teile hat (V. 2–9 und V. 10–25). Beide äußern Klage, Bitte, Vertrauen und enden mit einem Dankeshymnus, der im 2. Teil ausführlicher ist. Die lebendige Bewegung der Gedanken, Stim-

1 Hebräisch: JHWH.

mungen und Gefühle spiegeln die persönliche Not des Beters, der in Gott Halt sucht und findet. Durch deutliche Anspielungen auf andere Schrifttexte erfährt der Psalm eine Ausweitung ins Typische. Die geschlossene Komposition ist ein Zeugnis des Vertrauens in JHWH, das dieses Vertrauen mit anderen teilen und sie betend dafür gewinnen will. Die Auslegung beschränkt sich auf den Ersten Teil: V. 2–9.

1. V. 2–5: In diesen Versen spiegelt sich die Spannung gegensätzlicher Erfahrungen, in die jedes Beten hineingerät, wenn es an Echtheit reifen und in die Tiefe wachsen will. „Zu dir, JHWH, habe ich mich geflüchtet." Wenn der alttestamentliche Beter „JHWH" sagt, dann spricht er den an, der dem Mose im brennenden Dornbusch erschienen ist (Ex 3,14) und der sesshafte Sklaven aus entwürdigender Abhängigkeit durch alle Gefahren von Wasser und Wüste in eine neue, immer gefährdete Freiheit geführt hat. JHWH – das bedeutet festen Boden unter den Füßen haben, auf Felsen stehen. JHWH – das ist wie ein Raum, umgeben von sicheren Mauern. „Zu dir, JHWH, habe ich mich geflüchtet." JHWHs Gegenwart umfasst nach hebräischem Verständnis drei spannungsvolle Aspekte: Er ist verlässlich und unverfügbar mit dem Anspruch auf Ausschließlichkeit.

Der atl. Beter kann sagen, was er meint, wenn er den Gottesnamen ausspricht. Seine Bildworte geben wieder, bis in welche Erfahrungen die rettende und heilende Gegenwart Gottes für ihn hineinreicht.

Welche Erfahrungen berühre ich bei mir, wenn ich „Gott" sage in meinen Gebeten? Welche Bilder schwingen mit, wenn ich ihn anrede?

Für den atl. Beter ist JHWH der feste Grund, auf dem er stehen kann, und der sichere Raum, in dem er wieder zu Atem kommt. Doch seine Erfahrungen mit dem Vertrauen sind ihm nicht wie eine unerschütterliche Gewissheit gegeben. Vertrauen kann, wie die bunten Fäden im Gewebe eines Stoffes, seine Leuchtkraft verlieren. Von der Härte menschlicher Not und existenzieller Bedrohung überfordert, kann das Vertrauen ins Leben und in Gott schließlich umschlagen in die bange Frage: Warum lässt du mich allein in meiner Not? Diese Frage steckt in den Klagen so vieler Leidpsalmen. Darin wird ja nicht nur die Not eines unbarmherzigen Schicksals „vor" Gott ausgeschüttet, sondern es ist letztlich die Not mit seinem Gott, die der Beter herausklagt. So auch hier: „Lass mich doch niemals scheitern!"

Vertrauen und Ungewissheit bewegen Gedanken, Stimmungen und Gefühle des Beters und lassen ihn in ihrer Gegensätzlichkeit nicht zur Ruhe kommen. Ursache für diese Not mit sich und seinem Gott, ist die Not, die der Mensch über den Menschen bringt, die Not der Sünde zwischen Mensch und Mensch, die Not, dass einer dem andern zum Unheil wird. Vielleicht legt es sich nahe, an der Stelle innezuhalten, wo der Beter von dem *Netz* spricht, dass man ihm heimlich legte, und sich zu fragen:

Woher kommen mir die größten Anfechtungen für meine gläubige Existenz? Was beeinträchtigt oder untergräbt das Vertrauen, mein Leben ganz in Gott zu gründen? Was hindert mich daran, anderen zum Segen zu werden?

2. V. **6–7**: In dem Ringen zwischen Ungewissheit und Vertrauen wird dem Beter schließlich die Kraft zuteil, seine eigene Ungewissheit loslassend, sich der unbegreiflich bergenden Hand JHWHs anzuvertrauen. „In deine Hand lege ich meinen Geist." Der Beter lässt gleichsam seinen schwindenden Atem vom Lebensodem JHWHs auffangen. Er lässt sich los. Doch die Entscheidung, sich loszulassen in Gottes Hand, bleibt immer gefährdet:

Die Gefahr, in die Hand des Feindes zu geraten und ihr ausgeliefert zu sein, ist real. Der Feind steht für die Gegenwelt, die JHWH und seinem Rettungshandeln entgegen wirkt. Sie übt oft eine Faszination aus und ist nicht immer leicht durchschaubar, wie das Netz, das heimlich ausgelegt ist. Am Ende aber erweisen sich diese Gegenkräfte in ihrer destruktiven Wirkung als „nichtige Götzen". Der Psalm lässt an der Überlegenheit von JHWHs Macht keinen Zweifel: „Du hast mich nicht der Hand des Feindes ausgeliefert." Allen inneren und äußeren Anfeindungen und Verlockungen zum Trotz erweist er sich als zuverlässig, und sonst niemand.

Dieser Vers 6a war nach Lk 23,26 das Sterbegebet Jesu. Er rief es am Kreuz mit der ihm eigenen Abba-Anrede. Es ist das Abendgebet seines Lebens, mit dem er sich loslässt in die Hände des Vaters. Sein unerschütterliches Festhalten an Gott wider allen Augenschein und wider alle Ohnmacht des Denkens vollendet sich in diesem Sterben. Wie tief das Vertrauen des atl. Beters gewachsen ist, kommt schließlich in den Worten zum Ausdruck: „Du erlöst mich, du treuer Gott." JHWH kann nicht anders, als sich selbst treu zu sein. So ist die Erlösung schon den Beter berührende Gegenwart.

3. V. *8–9*: Aus dieser Erfahrung wechselt sein Beten über in freudigen Dank:

> „Ich will jubeln und mich freuen über deine Treue.
> Denn du hast mein Elend angesehen,
> dich meiner angenommen in der Not.
> Du hast mich nicht der Hand des Feindes ausgeliefert,
> auf weites Feld hast du meine Füße gestellt."

Auch hier vermitteln die Bildworte wieder einen Eindruck von der Erfahrung der rettenden und heilenden Gegenwart JHWHs: Angesehen werden, wenn ich schutzlos und kraftlos am Boden liege und allein einfach nicht mehr weiter kann. Angesehen werden, wenn ich sonst ringsum nur Gleichgültigkeit, Verachtung oder gar Hass spüre. Zuwendung, wenn ich schon aufgegeben bin oder als „Fall" betrachtet und behandelt werde. Zuwendung, in deren Kraftfeld ich mich wieder erheben kann in Würde, wenn alle Beklemmung und Enge von mir abfällt und ich mich so frei fühle, als tue sich vor mir ein weites, offenes Feld auf, das ich sicher durchschreiten kann. So klingt dieser Teil des Psalms mit einem kraftvollen Akkord des Vertrauens aus.

Vielleicht ist es beim Meditieren dieses Psalms eine Hilfe, einfach bei den Bildern zu verweilen, die von der Gotteserfahrung des atl. Beters sprechen, und sich dafür zu öffnen: Das Bild vom *Felsen* und der *Burg,* von den *Hand Gottes* und dem *weiten Feld,* das sich vor dem Glaubenden auftut. Gott bleibt in seiner Zuverlässigkeit, seiner Unverfügbarkeit und seiner Ausschließlichkeit eine Herausforderung.

Psalm 32 –
Glückselig, wem die Schuld vergeben

1b Glückselig, wem der Frevel[1] vergeben[2],
die Sünde zugedeckt ist.
2 Glückselig, wem JHWH die Schuld nicht anrechnet,
dessen Geist ohne Falsch ist.

3 Solange ich schwieg, zerfiel mein Gebein,
den ganzen Tag musste ich stöhnen.
4 Denn Tag und Nacht lag schwer Deine Hand auf mir.
Meine Lebenskraft[3] verdorrte
(wie) in der Glut des Sommers.
5 Meine Sünde musste ich Dir bekennen,
meine Schuld nicht länger bedecken.
Ich sagte: Ich will meine Frevel[3] vor JHWH bekennen,
Du trugst hinweg die Schuld meiner Sünde.

6 Darum soll jeder Fromme[4] zu Dir beten,
solange Du Dich finden lässt.
Fluten hohe Wassermassen heran,
ihn werden sie nicht erreichen.
7 Du bist mir Schutz,
vor Bedrängnis wirst Du mich bewahren.
Mit Jubelrufen der Errettung wirst Du mich umgeben.

8 „Ich will dir Einsicht geben
und dich unterweisen über den Weg,
den du gehen sollst.
Ich will dich beraten, auf dir ruht mein Auge.“

---

1 Wörtlich: Abtrünnigkeit.
2 Wörtlich: weggetragen.
3 Wörtlich: Mark.
4 JHWH-Treue (*chasid*).

9 Seid nicht wie Ross und Maultier ohne Einsicht.
Mit Zaum und Zügel muss man sie bändigen,
sonst bleiben sie nicht in deiner Nähe.
10 Viele Schmerzen hat der Frevler.
Wer aber auf JHWH vertraut,
den umfängt er mit Güte und Treue.
11 Freut euch in JHWH und frohlockt, ihr Gerechten,
und jubelt alle, die aufrichtigen Herzens sind.

Hinführung: Psalm 32 gehört zu den sieben (kirchlichen) Buspsalmen und ist ein sorgfältig komponiertes Gebet, das in späterer Zeit König David zugeschrieben wurde (V. 1a), der angesichts großer Schuld Gottes Vergebung an sich erfahren hat. Die beiden Seligpreisungen am Anfang des Psalms sind erfüllt von der Freude über die Befreiung, die JHWH dem Beter von seiner (schweren) Schuld geschenkt hat. Sündenvergebung ermöglicht erst, den Weg nach Gottes Weisung (Tora) zu gehen.

In V. 3 richtet sich der Beter an Gott und schildert, was er durchgemacht hat, bis er sich dazu aufraffen konnte, JHWH seine Schuld zu bekennen. Diese Erfahrung der „Bedrängnis'" und den Umschwung, den er durch Gottes Vergebung so umwerfend erlebt hat, will er unbedingt weitergeben. V. 8 scheint ein im Beten erfahrener Zuspruch JHWHs zu sein: „Ich will dir Einsicht geben und dich unterweisen über den Weg, den du gehen sollst..." Vielleicht will JHWH damit die Begeisterung des Beters ein wenig bremsen. Mit den Versen 9–11 scheint der Beter dem Wort JHHWs zu folgen. Er schließt mit der Aufforderung zum Jubel an „alle, die aufrichtigen Herzens sind."

1. V. 1b–2: Wie eine Antiphon be-*stimmt* der zweifache Makarismus den Ténor des ganzen Psalms. Am Ende wird der Lobpreis noch einmal aufgegriffen (V. 11). Glücklich gepriesen wird, wem JHWH die Abtrünnigkeit (*pesa*), alle Sünde (*hataah*) und alle Schuld (*awon*) vergeben hat. Zusammen beschreiben die drei Begriffe das ganze Feld menschlicher Verfehlungen. *Wegtragen, zudecken* und *nicht als Schuld anrechnen* – diese drei Verben sind im Hebräischen Worte für „vergeben". Wenn JHWH einem schuldig Gewordenen die Schuld abnimmt und wegträgt oder die Schuld zudeckt, dass man sie nicht mehr sehen kann, oder Verfehlungen bewusst nicht ahndet, dann erfährt der Mensch sich wie am Anfang seiner Möglichkeiten. Seine Freude und sein Dank über die geschenkte Befreiung springt über und möchte mit allen geteilt werden, die dafür offen sind. So kommt die dem Beter geschenkte Verzeihung vielen als Einladung zu Gehör. Vergebung wird aber nur denen zuteil, die mit aufrichtigem Herzen ihre Schuld vor Gott bekennen.
2. V. 3–5: Wer aber seine Schuld verschweigt und sie in seinem Innern verschlossen hält, dem werden Tag und Nacht zur Qual. Davon spricht der zweite Teil im Rückblick auf die vergebene Schuld und im Ausblick auf die ständige Herausforderung der menschlichen Natur in ihrer Beziehung zu Gott. Lobpreis und Dank für erhaltene Vergebung und die Not, immer wieder schuldig zu werden – beides braucht Raum und Ausdruck im Gebet. Solange der Beter sein angerichtetes Unheil, seine Schuld unter Verschluss hielt, desto mehr lähmte sie ihn. Sein innerer Aufruhr drängte mit großer Wucht nach außen. Seine ganze Energie

verpuffte im Stöhnen, seine Lebenskraft schwand dahin. Schließlich konnte er sich dazu aufraffen, seine Schuld vor JHWH zu bekennen. Er hatte nicht mehr die Kraft, sie länger zu „bedecken“ (V. 5ab). Sein Schuldbekenntnis umfasst die ganze Realität seiner Verfehlungen: Frevel (Abtrünnigkeiten), Schuld und Sünde. Doch kaum hat er Gott sein Herz geöffnet und ihm die ganze Wahrheit gesagt, als ihm vergeben wird: „Du trugst hinweg die Schuld meiner Sünde“. Der innere Umschwung erfolgte unmittelbar.

3. V. 6–7: Nach dieser Erfahrung soll jeder, der sich auf JHWH verlässt und sein Leben in seine Hand legt, nicht – wie der Beter – den Fehler machen und lange schweigen. Sobald er seine Schuld „findet“, d.h. sein Fehlverhalten erkennt und aufdeckt, soll er keine Zeit verlieren und sich Gott eröffnen. Sonst wird er die Schwere seiner Hand zu spüren bekommen. Doch das rechtzeitige Bekennen seiner Schuld wird ihn vor zerstörerischen Kräften bewahren, die hier im Bild vom Heranfluten gewaltiger Wassermassen angedeutet werden. Sie können ihn nicht (mehr) erreichen und wegspülen. So kann er sich Gottes Vergebungswillen anvertrauen: „Du bist mir ein bergender Schutz, denn Du bewahrst mich vor Bedrängnis“ (7ab). Er wird vor Dankbarkeit jubeln können, dass er den Folgen seiner Vergehen entronnen ist.

4. V. 8–11: Vieles spricht dafür, dass V. 8 eine Intervention, ein Zuspruch JHWHs für den von seiner Schuld befreiten und von seiner Qual erlösten Beter ist. Das wohlwollende Auge JHWHs scheint die Hand zu ersetzen, die schwer auf ihm lastete (V. 4b). Der Umkehr muss konsequenter Weise eine neue Lebensausrichtung folgen. Dazu will Gott ihm Einsicht und Belehrung geben und seinen Weg fördernd und fordernd begleiten („beraten“).

Nun drängt es den Beter, anderen die Pein zu ersparen, die er als Folge seines Frevels erleiden musste. Angesichts der unaufhebbaren Spannung zwischen Vergebung und Anfechtung will er sie ermutigen, ihr Leben voll Vertrauen auf JHWHs Güte und Treue zu setzen, die sie bleibend umgibt wie die Luft, die sie einatmen und am Leben hält. Sie ist das letzte entscheidende Wort, dem die Aufforderung zur Freude an Gott folgt: „Freut euch und frohlockt, ihr Gerechten, und jubelt alle, die geraden Herzens sind“ (V. 11). Diese Freude, dieses Frohlocken und Jubeln der Gerechten kontrastiert die „vielen Schmerzen der Frevler“ (V. 10). Die Aufforderung von V. 11 ist zugleich das Echo auf die beiden Seligpreisungen am Anfang des Psalms.

Psalm 51 – Erschaffe mir, Gott, ein reines Herz

3 Sei mir gnädig, Gott, nach Deiner Güte,
nach Deinem großen Erbarmen tilge meine Frevel!
4 Wasche meine Schuld ganz von mir ab
und reinige mich von meiner Sünde!

5 Denn meine Verbrechen erkenne ich,
meine Sünde steht mir immer vor Augen.
6 Gegen Dich allein habe ich gesündigt
und habe getan, was böse ist in Deinen Augen.
So behältst Du recht mit Deinem Urteil,
rein stehst Du da als Richter.
7 Sieh, hineingeboren bin ich in Schuld,
in Sünde bin ich, seit meine Mutter mich empfing.
8 Siehe, an Wahrhaftigkeit hast Du Gefallen,
im Verborgenen lehrst Du mich Weisheit.

9 Entsündige mich mit Ysop, dann werde ich rein,
wasche mich, dann werde ich weißer als Schnee!
10 Lass mich Jubel und Freude hören!
Frohlocken sollen die Glieder,
die Du zerschlagen hast.
11 Verbirg Dein Angesicht vor meinen Sünden
und tilge alle meine Schuld!

12 Erschaffe mir, Gott, ein reines Herz
und einen beständigen Geist erneuere
in meinem Innern!
13 Verwirf mich nicht von Deinem Angesicht
und Deinen heiligen Geist nimm nicht von mir!
14 Schenke mir aufs Neue die Freude Deines Heils
und mit einem willigen Geist stütze mich!

15 Ich will die Frevler Deine Wege lehren,
damit die Sünder zu Dir zurückkehren.
16 Befreie mich von Blutschuld, Gott,
Du Gott meines Heils,
dass meine Zunge juble über Deine Gerechtigkeit.
17 Herr, öffne meine Lippen,
damit mein Mund Dein Lob verkünde!

18 Schlachtopfer willst Du nicht,
ich würde sie Dir geben;
an Brandopfern hast Du kein Gefallen.
19 Schlachtopfer für Gott ist ein zerbrochener Geist,
ein zerbrochenes und zerschlagenes Herz
wirst Du, Gott, (gewiss) nicht verachten.
20 Nach Deinem Wohlgefallen tu Gutes an Zion,
baue die Mauern Jerusalems wieder auf!

21 Dann wirst Du gefallen haben
an Schlachtopfern der Gerechtigkeit,
an Brandopfern und an Ganzopfern,
dann wird man Stiere opfern auf Deinem Altar.

Hinführung: Die biblischen Autoren wussten um das Geheimnis des Bösen und um die Abgründe im Innersten des Menschen, seine Anfälligkeit für das Böse. Der Prophet Jeremia sagt sogar: „Verschlagen ohnegleichen ist das Herz des Menschen und unverbesserlich. Wer kann es ergründen?" (17,9). Sie haben die Verantwortung des Menschen betont, Sünde und Schuld benannt. Sie haben soziales und strukturelles Unrecht aufgedeckt. Aber dieses Nein zur Sünde und ihren zerstörerischen Folgen ist das Ja Gottes zum Sünder. Er will nicht seinen Tod, sondern dass er umkehrt und am Leben bleibt (vgl. Ez 18,23). JHWH ringt mit seinem Volk und mit einzelnen Menschen um einen Ausweg aus den Unheilszusammenhängen, die die Sünde ausgelöst hat (vgl. Hos 11,1–11). Seine Zuwendung zu den schuldig Gewordenen will ihnen einen Neuanfang ermöglichen. Von einem solchen Umkehrgeschehen spricht auch Psalm 51, der später König David zugeschrieben wurde, als der Prophet Nathan ihn mit seinen Verbrechen (Ehebruch mit Bathseba und Mord an ihrem Ehemann Urija) konfrontiert hatte.

Der Psalm lässt sich in zwei Teile gliedern: V. 3–11 und V. 12–19, die beide mit der Anrufung Gottes *(elohim)* beginnen. Beide Teile sind konzentrisch aufgebaut und lassen sich jeweils in drei Abschnitte untergliedern: V. 3–4; 5–8; 9–11 und V. 12–14; 15–17; 18–21. Im ersten Teil bittet der Beter Gott, ihn von der durch Sünde belasteten Vergangenheit und Gegenwart zu befreien, damit ihm ein wirklicher Neuanfang gelingt, der sein Herz aufleben lässt. Im zweiten Teil bittet er um eine beständige Wandlung seines Herzens, die sein tiefstes Inneres erfasst, sodass er selbst Sünder zur Umkehr bewegen kann.

V. 20–21 sind eine spätere Fortschreibung des Psalms. Sie verbindet die Erneuerung durch Sündenvergebung mit der endzeitlichen Erneuerung des Zion als einen Ort des Friedens und der Gerechtigkeit für Israel und alle Völker.

1. V. 3–11: Mit großem Vertrauen wendet sich der Beter an JHWH, der sich in der Erfahrung seines Volkes am Sinai als „ein barmherziger und gnädiger Gott“, als „langmütig und reich an Güte und Treue“ geoffenbart hat, der Frevel (*pae*), Schuld (*awon*) und Sünde (*hatat'*) wegnimmt (vgl. Ex 34,6). Er ist sich bewusst, wie sehr er gegen Gottes fundamentale Lebens- und Heilsordnung verstoßen und Unheil angerichtet hat. Mit schonungsloser Offenheit bekennt er sich zu seiner sündigen Vergangenheit, die ihn in Bildern, Erinnerungen und starken Gefühlen immer wieder einholt: „Meine Sünde steht mir immer vor Augen" (V. 3b). Sie ist bis in die Gegenwart hinein wirksam. Er spürt zutiefst, dass seine Vergehen am Nächsten und an der Gemeinschaft letztlich gegen Gott gerichtet sind: „Gegen Dich allein habe ich gesündigt" (V. 6a). Der atl. Beter ist sich auch bewusst, dass sein Leben, seine Geschichte und seine konkrete Situation von der Unheilsgeschichte der Menschheit von Anfang an infiziert und real mitbestimmt ist, dass er in Schuldzusammenhänge verstrickt ist, die er selbst nicht verursacht hat. Ihm ist auch schmerzlich bewusst, dass er sich selbst aus dieser Verstrickung ebenso wenig befreien kann wie aus dem, was er dieser Schuld- und Unheilsgeschichte hinzugefügt hat. All das gehört zur „ganzen Wahrheit" seines Lebens.

So bittet er den barmherzigen und gütigen Gott, der an der Wahrhaftigkeit (Lauterkeit) des Herzens Gefallen hat und ihm im Geheimen Weisheit lehrt (V. 8), ihn bis ins Innerste von „all seiner Schuld" zu reinigen, wie man Metalle in einem Schmelzofen reinigt oder Kleidungsstücke (wieder) schneeweiß walkt. Die Entsündigung mit Ysop ist eine bildhafte Anspielung auf die rituelle Reinigung von Aussätzigen. Der ansteckende Aussatz ist hier Bild für die zerstörerische Kraft der Sünde, von der Gott ihn befreien und neue Lebensfreude schenken kann: „Frohlocken sollen meine Glieder, die Du zerschlagen hast“ (V. 10b). Wie JHWH die toten Gebeine Israels im Exil zu neuem Leben erweckt hat (Ez 37,1–14), so soll er seine zerschlagenen Gebeine mit neuer Lebenskraft durchdringen und ihm einen von aller Schuld befreiten Neuanfang ermöglichen.

2. V. 12–19: Im zweiten Teil bittet der Beter Gott, ihn von der Personmitte her aus seiner Schuldverstrickung zu befreien. Im Angesicht seiner leidvollen Erfahrung mit der Abgründigkeit seines Herzens und seiner Anfälligkeit für das Böse soll JHWH ihm ein „reines Herz“ (er)schaffen, damit er seine Wege erkennt und Gutes vom Bösen zu unterscheiden versteht. Mehr noch bittet er um einen „beständigen“ und „willigen“ Geist, der das mit dem Herzen Erkannte konsequent und bereitwillig ausführt. Diese Neuschöpfung und die damit gegebene enge Lebensgemeinschaft mit Gott soll verhindern, dass er erneut sündigt und schuldig wird. Damit bittet er um nichts Geringeres als um die Gnade des Neuen Bundes, der auf Seiten des Menschen etwas qualitativ Neues und Unzerstörbares verlangt. Der Neue Bund wird nach Jeremia von einer nie dagewesenen Gottunmittelbarkeit sein. Die Tora, die JHWH einst auf die beiden steinernen Tafeln geschrieben und Mose übergeben hatte (Ex 31,18), schreibt er auf das Herz des Menschen, sodass es zum unversiegbaren Quellgrund menschlichen Handelns wird (vgl. Jer 31,33). Nie soll den Beter das Schicksal seines Volkes treffen, als JHWH es wegen seiner Sünde ins Exil verbannte und „von seinem Angesicht“ verwarf (V. 13).

Schließlich bittet der atl. Beter Gott, ihn zu befähigen, Frevler und Sünder von ihren Wegen abzubringen und sie zur Umkehr aus Sünde und Tod zu motivieren. Deshalb soll JHWH ihn aus der Todesmacht („Blutschuld") der Sünde herausreißen (befreien), damit seine Bemühungen um die Frevler und Sünder keinen Zweifel an seiner Glaubwürdigkeit lassen. Dann werden sich Herz und Lippen voller Dankbarkeit zum Lobe Gottes öffnen.

Symbolische Gaben wie Brand- und Schlachtopfer wären hier nicht angemessen, aber ein an Geist und Herz im Tiefsten erschütterter und zur Umkehr bereiter Mensch wird Aufnahme bei Gott finden.

V. 21–22: Der Psalm schließt mit der Bitte um die endzeitliche Erneuerung des Zion als einen Ort des Friedens und der Gerechtigkeit für das bedrohte und zerstreute Gottesvolk Israel, aber auch als spiritueller Mittel- und Anziehungspunkt für alle Menschen und Völker.

Bei all den Schicksalen, denen einzelne Menschen und ganze Völker ausgeliefert sind, bei all dem Scheitern menschlicher Friedensbemühungen, bei den Unsicherheiten und Unwägbarkeiten menschlicher Existenz bricht immer wieder die Sehnsucht auf, dem Leben auch in seinen schwer erträglichen Seiten einen Sinn abzugewinnen und die sozialen und kulturellen Rahmenbedingungen so gestalten zu können, dass das Grundvertrauen ins Leben nicht zerstört wird. Menschen und Völker machen immer wieder die Erfahrung, dass sie aus eigenen Kräften an dieser Grundoption für das Leben scheitern.

Sie suchen nach Orientierung inmitten der Heillosigkeit ihres Scheiterns, eine Lebensordnung, die ihnen hilft, in Gerechtigkeit und Frieden miteinander zu leben, also das „erneuerte Jerusalem" als „Sehnsuchtsort", in dem eine von JHWH erneuerte soziale Gemeinschaft Wirklichkeit wird.

Psalm 63 –
Sehnsucht nach dem lebendigen Gott

2 Gott, Du mein Gott, ich suche Dich,
nach Dir dürstet meine Seele (mein Leben)[1].
Nach Dir schmachtet mein Leib,
im ausgetrockneten Land, erschöpft, ohne Wasser.

3 Darum habe ich nach Dir geschaut im Heiligtum,
um Deine Macht und Herrlichkeit zu sehen:
4 Ja, Deine Güte[2] ist besser als das (bloße) Leben,
meine Lippen sollen Dich rühmen.
5 So preise ich Dich meine Leben lang,
in Deinem Namen erhebe ich meine Hände.
6 Wie mit Fett und Mark sättigst Du
meine Seele (mein Leben),
mit jubelnden Lippen lobpreist Dich mein Mund.

7 Wenn ich Deiner gedenke auf meinem Lager,
in den Nachtwachen über Dich meditiere:
8 Ja, Du bist mir Hilfe geworden,
im Schatten Deiner Flügel juble ich.
9 Meine Seele (mein Leben) hängt an Dir,
fest hält mich Deine Rechte.

10 Doch die mir nach der Seele (dem Leben) trachten,
müssen hinabfahren in die Tiefen der Erde.
11 Jeden einzelnen liefert man der Gewalt
des Schwertes aus,

---

1 Im biblischen Denken steht Seele ganzheitlich für Leben. „Wenn der Beter als „Seele“ nach Gott dürstet, sehnt er sich nach ihm als der Erfüllung seiner elementaren Lebensbedürfnisse“ (Hossfeld/Zenger).

2 Hebräisch: chaesaed.

sie werden eine Beute der Schakale.
12 Der König aber wird sich freuen an Gott.
Wer bei ihm schwört, darf sich rühmen.
Denn den Lügnern wird der Mund gestopft.

Hinführung: Psalm 63 ist stark von der innigen Beziehung des Beters zu JHWH bestimmt und sein Vertrauen in Gott scheint die eigentliche Qualität seines Lebens auszumachen. Der Psalm gliedert sich in drei Teile (V. 2–5; 6–9 und 10–12), wobei „Seele“, die ganzheitlich für „Leben“ steht, sich als Gliederungssignal anbietet. Im Kontrast zu den Bildern des Glücks („Fett und Mark“, „im Schatten deiner Flügel“) stehen Bilder großer Not (ein Mensch am Ende seiner Kraft in einer ausgedörrten Gegend ohne Wasser, von Feinden verfolgt und gehetzt). Doch aufgrund seiner Erfahrung, dass JHWH ihn festhält, verlieren die Feinde ihren tödlichen Schrecken. Am Ende wird „der König“ als Garant der Rechtsordnung genannt, vor dem seine Gegner als Lügner nicht bestehen können.

1. **V. 2–5:** Der Psalm beginnt mit dem Bild eines Menschen, der (auf der Flucht) am Ende seiner Kraft ohne Wasser in einer ausgedörrten Wüstenlandschaft unterwegs ist. So wie dieser erschöpfte Wanderer erfährt der Beter seine jetzige Lebenssituation: Er spürt seine Kräfte schwinden und sieht den Moment kommen, wo er einfach nicht mehr weiter kann.

Was ihn trotzdem nicht aufgeben lässt, ist die Sehnsucht nach dem lebendigen Gott, nach seiner Nähe und liebenden Zuwendung. Leib und Seele, seine *ganze* Existenz ist ein einziges gespanntes Ausschauhalten nach *seinem* Gott, wie er ihn in seinem

Leben schon erfahren hat. Er erinnert sich an die Augenblicke im Heiligtum, wo er seine „Macht und Herrlichkeit“ schauen durfte, wo er sie als „Güte und Liebe“ (*chaesaed*) erlebt hat, als Zeichen, von JHWH persönlich angenommen und geliebt zu sein – wie Israel von IHM:

Ja, Deine Güte ist besser als das Leben.

Diese Erinnerung lässt im Beter die Erfahrung von Geborgenheit und Sich-aufgehoben-wissen wieder lebendig werden, eine Qualität von Leben und Glück, die uns so kein Mensch geben kann. Das führt ihn zu der Einsicht, dass Gottes Zuwendung „besser“ ist als das bloße Leben. Ja, dass Gottes „Güte und Liebe“ überhaupt erst den Wert des Lebens ausmacht, um das er jetzt kämpft.

Von neuem spürt er sich im Kraftfeld Gottes und in der Gewissheit, dass er ihn nicht verlässt. Wie damals im Tempel erhebt er in der Wüstenlandschaft seines Lebens die Hände zu Gott, um ihn anzubeten in Lobpreis und Dank. So unbegreiflich nah ist ihm auf einmal der ferne Gott. Sein ganzes Leben soll nun zu einem Lob seines Namens werden.

Manchmal führt eine so einschneidende Grenzerfahrung dazu, der Frage nach dem eigenen Lebenssinn auf den Grund zu gehen und sich von Gottes Lebenskraft neu berühren und beleben zu lassen.

2. **V. 6–9:** Der Lobpreis Gottes als Annahme seines Lebens, getragen von der Unbegreiflichkeit seiner alles durchdringenden Nähe, ist für den Beter wie die Sättigung bei einem Gastmahl mit markigen fetten Speisen. Er gibt ihm Kraft, die Härten und Unwägbar-

keiten seines Lebens auszuhalten und zu bestehen. Und wann immer er in schlaflosen Nächten sich an Gott erinnerte (*zakar*) und über das Geheimnis seiner „Güte und Liebe" meditierte, machte er die Erfahrung, dass Gottes Gegenwart ihn wie der Schatten ausgebreiteter Flügel beschützte. Seine Gotteserinnerung in Zeiten der Not machte ihn glücklich und ließ sein Herz aufjubeln. So auch jetzt, da er den Schatten seiner Flügel wieder über sich spürt.

Aus dieser Erfahrung entsteht eine wechselseitige Beziehung zwischen dem Beter und seinem Gott: Er hängt sich mit all seinen Kräften, mit der ganzen Leidenschaft seiner Liebe an seinen Gott. Das Wort „sich hängen an" bezeichnet in Gen 2,25 die enge Lebensgemeinschaft zwischen Mann und Frau. Im Buch Deuteronomium wird damit die einzigartige Bindung und Treue Israels zu seinem Gott ausgedrückt: „Ihr aber habt Euch am Herrn, Eurem Gott, festgehalten, und darum seid Ihr alle heute noch am Leben" (4,4).

Umgekehrt weiß sich der Beter in seiner Liebe und Treue zu JHWH von ihm angenommen und gehalten wie sein Gottesknecht (Jes 42,6): Fest hält er ihn mit seiner Rechten – nicht nur für die Zeit der Not, sondern sein Leben lang. Im Psalm 73 reicht die Hoffnung auf Gottes Mit-sein sogar über den Tod hinaus:

„Ich aber bin immer mit Dir,
Du hältst mich an meiner Rechten.
Du führst mich nach Deinem Ratschluss
und nimmst mich am Ende auf in Herrlichkeit" (23f).

3. V. 10–12: In den letzten Versen des Psalms wird deutlich, dass es Menschen waren, die den Beter in die ausweglose Situation gebracht hatten, wo er schließlich nicht mehr weiter wusste und auch nicht mehr weiter konnte. Doch mit der neuen Gottesgewissheit verlieren die Feinde ihren lähmenden Schrecken. Sie, die seine Vernichtung (*shoah*) wollten, werden nicht das letzte Wort über ihn haben.

Die Aussage über den König in V. 12 dürfte nicht ursprünglich sein. Der Psalm wird König David zugeschrieben und ist offenbar nachträglich „davidisiert" worden. Die wichtigste Aufgabe des Königs war ja, mit JHWHs Hilfe Recht und Gerechtigkeit für jeden in Israel durchzusetzen und zu schützen.

Die eigenen Vernichtungswünsche des Beters zeigen offen, dass Aggression und Gewalttätigkeit ein unausrottbarer Teil unserer Lebenswirklichkeit ist. Die Worte des Psalms sprechen in unsere eigene abgründige Wirklichkeit hinein und beschönigen nichts. Solche Wünsche und Bilder der Vernichtung sind aus der Perspektive eines hilflos unterlegenen Opfers zu verstehen. Sie werden immer wieder aufbrechen, wenn ohnmächtige Wut über erlittenes Unrecht unser Herz aufwühlt. Vielleicht spricht sich in den Bildern der Gewalt und eines grauenhaften Endes auch die Ahnung oder die Erfahrung aus, dass alles Lebensfeindliche, das Menschen über andere bringen, am Ende sich gegen sie selbst kehrt.

Psalm 73 –
Fast wären meine Füße gestrauchelt

1 Gewiss, gut ist JHWH mit Israel,
mit denen, die lauteren Herzens sind.

2 Ich aber – fast wären meine Füße gestrauchelt,
beinahe wären meine Schritte ausgeglitten.
3 Denn ich wurde eifersüchtig auf die Angeber,
als ich sah, dass es diesen Frevlern so gut geht.
4 Sie leiden keine Qualen,
ihr Leib ist gesund und wohlgenährt.
5 Sie stecken nicht in der Mühsal der (normal) Sterblichen,
werden nicht geplagt wie andere Menschen.
6 Darum ist Hochmut ihr Halsschmuck,
wie ein Gewand umgibt sie Gewalt.
7 Aus Fett geht ihr Frevel hervor,
ihr Herz läuft über von bösen Plänen.
8 Sie spotten und reden voller Bosheit,
mit Unterdrückung reden sie von oben herab.
9 Sie reißen bis zum Himmel ihr Maul auf,
und lassen auf Erden ihrer Zunge freien Lauf.
10 Darum wendet das Volk sich ihnen zu,
und das Wasser ihrer Worte schlürfen sie gierig.
11 Sie sagen: Wie sollte Gott es (denn) wissen?
Gibt es überhaupt ein Erkennen beim Höchsten?
12 Siehe, so sind die Gottlosen:
Immer unbehelligt häufen sie Reichtum auf Reichtum.

13 Gewiss, umsonst hielt ich mein Herz rein
und wusch meine Hände in Unschuld:
14 Und wurde geplagt den ganzen Tag,
gezüchtigt jeden Morgen.
15 Wenn ich gesagt hätte: Ich will reden wie sie,

siehe: Ich hätte das Geschlecht deiner Kinder verraten.
16 Ich dachte nach, dies zu verstehen,
eine Mühsal war es in meinen Augen,
17 bis ich eintrat in Gottes Heiligtum
und ich Einsicht gewann, wie es mit ihnen zuende geht.

18 Gewiss, Du stellst sie auf rutschigen Grund,
Du lässt sie in Täuschungen fallen.
19 Wie werden sie plötzlich zunichte,
werden dahingerafft und nehmen ein Ende mit Schrecken.
20 Wie einen Traum beim Erwachen, mein Herr,
verachtest Du beim Erwachen ihr Schattenbild.
21 Als mein Herz verbitterte
und Schmerz in meinen Nieren bohrte,
22 da war ich ein Tor ohne Einsicht,
wie ein Stück Vieh vor Dir.
23 Und doch – bei Dir bin ich immer!
Du hältst mich an meiner Rechten.
24 Du leitest mich nach Deinem Ratschluss
und nimmst mich am Ende auf in Herrlichkeit.
25 Wen habe ich im Himmel?
Neben Dir erfreut mich nichts auf Erden.
26 Wenn mein Fleisch und mein Herz vergehen,
bleibt JHWH mein Anteil auf ewig.

27 Denn siehe: die fern von Dir sind, gehen zugrunde.
Du vernichtest alle, die Dich treulos verlassen.

28 Ich aber – Gott nahe zu sein, ist gut für mich;
Ich habe Gott zu meiner Zuflucht gemacht.
So kann ich von all Deinen Taten erzählen.

Hinführung: Die Erfahrung, dass es den Gottlosen und Skrupellosen gut geht und die JHWH-Treuen unter der gesellschaftlichen Wirklichkeit schwer zu leiden haben, hat den Beter in eine tiefe Glaubenskrise gestoßen. Seine traditionelle Überzeugung, dass die Gottesfürchtigen und Rechtschaffenen JHWHs Gerechtigkeit erfahren, ist ihm nicht mehr plausibel. Wie kann Gott gut sein, wenn denen, die in Staat und Gesellschaft das Sagen haben, das Schicksal dieser Armen und Zu-kurz-Gekommenen völlig gleichgültig ist und sie nur Herablassung für diese Glücklosen übrig haben. Der nagende Impuls, ihnen Recht zu geben und es ihnen gleich zu tun, wird in ihm immer überzeugender. Erst als ihm in schmerzhaft innerem Ringen die Einsicht in das Ende der Gottlosen zuteil wird, verliert ihr gegenwärtiges Glück für ihn seinen Stachel.

Der Psalm lässt sich in drei Teile gliedern: V. 1–12: Beschreibung des Glücks der Gottlosen, V. 13–18: Bericht über die Konsequenzen dieses himmelschreienden Unrechts für sein eigenes Leben, bis zur Erkenntnis, welches Schicksal die Gottlosen am Ende trifft, V. 18–28: Seine neu gewonnene Glaubensgewissheit über den Gott, der ihm sein Leben lang nahe war, der ihn gehalten und geführt hat. Dieses Bekenntnis von dem Gott, dem das Schicksal seiner Getreuen alles andere als egal ist, rahmt am Beginn (V. 1) und am Ende (V. 28) den ganzen Psalm.

1. V. 1–18: Für das Gesamtverständnis des Psalms ist dieser Rahmen bedeutsam. Der Beter beginnt (V. 1) mit der Versicherung („gewiss“), dass JHWH für sein Volk Israel und für alle Menschen redlichen Herzens „gut“ ist. Doch angesichts der herrschenden gesellschaftlichen Wirklichkeit, hat diese Überzeugung in ihm eine tiefe Glaubens- und Lebenskrise ausgelöst. Das himmelschreiende Unrecht, unter dem so viele

JHWH-Getreue leiden, hat ihm vor Augen geführt, dass dieses Bekenntnis mit seiner Erfahrung so nicht mehr übereinstimmt. Er kann die Wahrheit dieses Satzes, wie er sie bis jetzt verstanden hat, nicht mehr glauben. Im persönlichen Ringen mit seinem traditionellen JHWH-Glauben findet er schließlich einen Weg aus der Krise und will mit seinem Psalm andere inspirieren, wie sie aus der Erschütterung ihres Gottesglaubens herausfinden und ihre Krise betend bewältigen können.

Am Ende (V. 28) bekräftigt der Beter seine von JHWH her gewonnene neue Einsicht in Seine verlässliche und unverfügbare Nähe, mit der er das Leben jedes JHWH-treuen und redlichen Menschen begleitet. Das Gotteszeugnis dieses Psalms gilt dann auch im Blick auf die Krise des JHWH-Glaubens, die durch die Zerstörung des Tempels in Jerusalem ausgelöst wurde.

Auf diesem theologisch-spirituellen Hintergrund schildert der Psalmist zunächst, in welche innere Not das Glück der Gottlosen ihn gestürzt hat, die ihre Macht offen und rücksichtslos zum eigenen Vorteil einsetzen und für ihren Erfolg auch noch öffentlich Zustimmung erhalten:

Der Beter gerät nicht einfach dadurch ins Stolpern, dass es Menschen gibt, die ihre Macht und ihren Einfluss skrupellos einsetzen, sondern dass sie das in aller Offenheit tun und dadurch das erreichen, was die JHWH-Getreuen und Menschen mit redlichem Herzen von Gott erhoffen, aber nicht erhalten. Diese Diskrepanz wird noch dadurch verschärft, dass „diese Frevler“ gesund und vital sind, ohne von der

Lebensmühe normal Sterblicher geplagt zu werden. Ihr sichtbares Glück stärkt ihre Macht und Arroganz und hält sie auf ihrer Erfolgsspur. Sie tragen ihre Gewaltbereitschaft wie ein Gewand am eignen Leib mit sich herum. Aus der Distanz und Gefühllosigkeit (aus ihrem „verfetteten Herzen"), die ihre soziale Rolle mit sich bringt, entstehen ihre bösen Gedanken und Pläne. Letztlich haben sie vor nichts und niemand Respekt und sparen in ihrer Herablassung weder mit Spott noch mit zügellosem Reden.

Der breiten Masse („das Volk") imponiert ein solches Gehabe und sie zieht ihre Worte mit großer Begeisterung in sich hinein. Widerspruch oder gar Widerstand gegen ihr destruktives Verhalten scheint sich nicht zu regen.

Der praktische Atheismus dieser Erfolgreichen offenbart sich in ihren Worten: „Was weiß denn schon Gott!" Falls es ihn überhaupt gibt, hat er offensichtlich anderes zu tun als sich um die Angelegenheiten der Menschen zu kümmern. Der Psalmist fasst das Tun und Wohlergehen der Gottlosen schließlich zusammen: immer auf der Erfolgsspur mehren sie ihre Macht und ihren Reichtum.

2, V. 13–17: Der Psalmist macht nun an sich selbst die Erfahrung, dass es nicht mehr lohnt, Unrecht zu vermeiden und zu bekämpfen. Sein rechtschaffenes Leben hat ihm weder Erfolg noch Reichtum, weder Gesundheit noch Glück gebracht. Stattdessen geht es ihm schlecht. Sein Leben ist ihm zur Plage geworden und hat seine Qualität verloren. Das Empfinden, alles sei umsonst gewesen, und die Frage, was es ihm noch nütze, sich vom Leben der Gottlosen zu distanzieren, bedrängen ihn so sehr, dass er schließlich mit dem Gedanken umgeht, sein bisheriges Leben aufzugeben. Doch in dem Moment, in dem das Leben der Gottlosen für ihn zur greifbaren Alternative wird, meldet sich in seinem Innern elementarer Widerstand. Er schafft es nicht, von JHWH, dem Gott seiner Väter und Mütter, zu lassen. Ihm kommt es vor wie Verrat, wenn er sich von dem Glaubensweg seines Volkes mit Abraham und Sara, Isaak und Rebekka, Jakob und Rachel, vor allem aber von der Leidensgeschichte Israels in Ägypten und seinem endlosen Weg ins Gelobte Land trennt. Nicht zuletzt werden ihm die Schicksale der erfolglosen und verfolgten Propheten wie Elija und Jeremia und anderer in Erinnerung gekommen sein, die trotz der Nacht ihrer Seele und ihrer körperlichen Leiden an JHWH festhielten, weil er sie festhielt. In dieser qualvollen inneren Auseinandersetzung wird ihm von Gott her die Einsicht zuteil („bis ich eintrat in Gottes Heiligtum"), wie die Gottlosen schließlich enden. Damit verlieren seine Zweifel an der eigenen Lebensweise ihren tödlichen Stachel.

3. V. 18–28: Der von Gott eröffnete Weg aus der Krise hat ihm eine Gotteserfahrung und eine neue Nähe zu ihm ermöglicht, dass er von jetzt an, JHWH (wieder) direkt anspricht, wie er es von der Glaubenstradition seines Volkers her gewohnt war. In drei Schritten entfaltet er nun seine in V. 17 zusammengefasste Erkenntnis:

Das so anschaulich geschilderte „Glück" der Gottlosen (V. 2–12) nimmt ein Ende mit Schrecken. Sie werden den Folgen ihres skrupellosen Lebenswandels überlassen, bis sie plötzlich daran verrecken. Ihr steiler Aufstieg endet in einem tiefen Fall, von dem sie sich nicht mehr erheben. Ihr Ende gleicht einem Alptraum, der mit dem Erwachen vorbei ist und nur noch Schaudern und Verachtung zurücklässt.

Dann blickt der Beter noch einmal auf die Zeit zurück, als sein Herz sich verfinsterte, seine Zweifel an Gottes Güte und Gerechtigkeit wuchsen und sein Leiden an Gott schier unerträglich wurde. Im Nachhinein kommt er sich vor wie ein „Stück Vieh", dessen Instinkt tiefere Zusammenhänge verborgen bleiben. Mit einiger Beschämung muss er bekennen, dass ihm der Glaube an JHWHs Nähe abhanden gekommen war.

Doch jetzt wurde ihm die Gewissheit geschenkt, dass JHWH ihm sein Leben lang nahe ist, dass er von ihm gehalten und geführt wird, bis er ihn am Ende „in Herrlichkeit", in seinen Lebensbereich aufnimmt. Weder im Himmel noch auf der Erde gibt es irgendetwas, nach dem er sich sehnt und das ihm erfülltes Leben verheißt, außer JHWH allein. Diese Nähe JHWHs kann niemand zerstören und bleibt selbst vom Tod unangetastet.

Die beiden Verse 27 und 28 ziehen am Ende Bilanz für die kontrastreichen Lebensweisen der Gottlosen und JHWH-treuen. Dieses Resumé ermutigt und ermächtigt den Beter, „von JHWHs Taten zu erzählen."

Die Ausweglosigkeit der Glaubenskrise, die der atl. Beter in Ps 73 mit schonungsloser Offenheit ausspricht, kommt im Schrei der Gottverlassenheit Jesu am Kreuz (Mk 15,34; Mt 27,46) für den ntl. Beter dieses Psalm nicht weniger eindringlich zum Ausdruck. Es sind die Anfangsworte aus Psalm 22. Jesus schreit seine Not nicht in ein anonymes Nichts hinein, sondern er wendet sich in vorgegebener Gebetssprache an den, den er in seiner Erfahrung nicht mehr berührt. Diese Gebetsworte, die von Glauben vieler verantwortet sind, gehören zu dem Gebetsschatz, aus dem er lebt. Seine Ausweglosigkeit und sein Ende sind schrecklich. Sogar der innerste Bereich seiner Beziehung zu Gott ist in das Dunkel der Gottesferne hineingezogen.

Wenn wir in unserem Glauben an den nahen Gott den Schrei der Gottverlassenheit so vieler Opfer von Gewalt mit unserer Sehnsucht nach universaler Gerechtigkeit hineinnehmen, kann uns die Verheißung berühren, die Gott allen ungerecht Leidenden mit der Auferweckung Jesu gegeben hat. Ihnen gilt die Seligpreisung der Bergpredigt: „Selig die reinen Herzens sind, denn sie werden Gott schauen“ (Mt 5,8):

Psalm 77 – Spuren Gottes

2 Ich rufe zu Gott, ich schreie.
Ich rufe zu Gott, dass er mich höre.
3 Am Tag meiner Bedrängnis suche ich den Herrn,
in der Nacht ist meine Hand ausgestreckt,
ohne zu ermüden.
Meine Seele will sich nicht trösten lassen.
4 Ich denke an Gott – und stöhne.
Ich sinne nach und es verzagt mein Geist.

5 Die Lider meiner Augen hältst du offen.
Ich bin aufgewühlt und kann nicht sprechen.
6 Ich habe überdacht die Tage von früher,
an die Jahre der Vorzeit habe ich mich erinnert.
7 Ich denke an mein Saitenspiel.
In der Nacht gehe ich damit um in meinem Herzen,
ich sinne nach und es grübelt mein Geist.
8 Verstößt denn der Herr für immer
und will sich nie mehr erbarmen?
9 Ist es aus mit seiner Gnade ein für allemal?
Ist sein Wort endgültig verstummt?
10 Hat Gott vergessen, dass er gnädig ist;
hat er im Zorn vergessen, dass er barmherzig ist?

11 Da sagte ich: Das ist mein Schmerz,
dass sich Gottes Wirken so verändert hat.
12 Ich will denken an die Taten des Herrn,
will gedenken seiner frühen Wunder;
13 will reden von all deinem Tun
und über dein Walten nachsinnen.

14 Gott! Heilig ist dein Weg!
Wo ist ein Gott, so groß wie du?

15 Du bist der Gott, der Wunder tut,
hast unter den Völkern deine Macht gezeigt.
16 Mit Macht hast du dein Volk befreit,
die Kinder Jakobs und Josefs.

17 Es sahen dich die Wasser, Herr,
es sahen dich die Wasser – und bebten,
auch die Urfluten erschraken.
18 Von Wasser strömten die Wolken,
es donnerten die Wolken des Himmels,
auch deine Blitze schwirrten umher.
19 Dröhnend rollte dein Donner,
die Blitze erhellten den Erdkreis;
es wankte und bebte die Erde.
20 Durch das Meer führte dein Weg,
dein Pfad durch große Wasser,
doch niemand sah deine Spur.

21 Du führtest wie eine Herde dein Volk
durch die Hand des Mose und Aaron.

Hinführung: Der erste Teil des Psalms (2–10) ist eine Klage in der Form der individuellen Klagelieder, allerdings mit dem Unterschied, dass hier nicht persönliches Leid beklagt wird, sondern die *Not des Volkes,* die den Beter in eine tiefe Krise seines Glaubens gestoßen hat. Der atl. Beter findet erst wieder in ein neues Vertrauensverhältnis zu JHWH, als er sich die Ursprungsgeschichte Israels, die Erzählungen der Exodustradition, in Erinnerung ruft.

V. 2–4: Mit seiner ganzen Kraft schreit der atl. Beter seine Not heraus, damit JHWH ihn hört und die Dringlichkeit seines Anliegens wahrnimmt. Nirgendwo kann er ein Zeichen, einen Hinweis auf Gottes

Nähe erkennen. Er durchleidet eine Leere und erlebt sich als einer, in dem das Du JHWHs, der „Raum des Gegenüber" für ihn nicht mehr erreichbar scheint. Sein Rufen und Schreien bei Tag und bei Nacht will einen Abgrund unergründlicher Distanz und Leere überbrücken. Der *ganze* Mensch ist wie eine einzige ausgestreckte und angespannte Geste. Das hebr. Wort *darash* bezeichnet hier in einem intensiven Sinn das suchende Sich-ausrichten nach JHWHs Nähe. Er findet keinen Trost, solange sich das Schicksal seines Volkes nicht wendet und er mit Gott nicht in Kontakt kommt. Selbst wenn er verstummt, um im Gedenken (*zakar*) an Gott und im Nachsinnen über sein Wirken den Grund für das erlittene Ausmaß der Not zu erahnen, findet er keinen Ausweg. Sein intensives Bemühen lässt ihn erschöpft und kraftlos zurück.

V. 5–7: Nachts quälen den Beter Schlaflosigkeit und inneres Aufgewühlt-sein. Ruhelos umkreisen ihn Fragen, auf die er keine Antwort findet. Er sucht im Rückgriff auf die Geschichte des Gottesvolkes, „auf die Tage von früher", nach „Gesetzmäßigkeiten", nach Vergleichbarem, die den Kontinuitätsbruch der Gegenwart plausibel machen. Doch der Vergleich mit der Vergangenheit gibt nichts her. Sein Suchen und Ringen kann im Hier und Jetzt keine Spur von Gottes Gegenwart entdecken.

Selbst die (freudige) Erinnerung an sein Saitenspiel bei kultischen Feierlichkeiten oder anderen Gelegenheiten stehen in krassem Gegensatz zu dem, was sein Gemüt zur Zeit umtreibt. Seine nächtlichen Selbstgespräche, sein grübelndes Fragen nach JHWH, dem Gott seines Volkes Israel, setzt sich ruhelos fort.

V. 8–10: Alle oberflächlichen Antworten verstummen vor dem Ernst und der Tiefe seines Fragens und Suchens nach Gott.
V. 11: Im tieferen Weiterbohren erkennt der atl. Beter schließlich, das *er* selbst nicht „in Ordnung" ist, wenn er aus der gegenwärtigen Not keinen Zugang zu JHWH mehr finden kann.

Der atl. Beter leidet, weil er selbst Glied einer Gemeinschaft ist, die als ganze in einer gottfernen Situation und Verfassung dahinlebt. Hier zum Vergleich ein Wort des Propheten *Amos*:

> Siehe, es kommen Tage,
> da sende ich Hunger ins Land,
> nicht Hunger nach Brot, nicht Durst nach Wasser,
> sondern nach dem Hören des Gotteswortes.
> Dann werden sie irren von Meer zu Meer
> Von Norden nach Osten
> und umherschweifen auf der Suche
> nach dem Wort des Herrn,
> doch finden werden sie es nicht. (8,11f.)

Das traditionelle Gottesbild des Beters offenbart auch das Missverhältnis zwischen dem lebendigen Gott und dem Versuch, ihn mit klaren theologischen Konzeptionen „begreifen" und „einordnen" zu wollen. Er muss erkennen, dass seine Klage – an überkommenen und liebgewonnenen Vor-stellungen entlang – nicht zum befreienden Verstehen von JHWHs Gegenwart führt.

Erst als er das Gehäuse seiner trostlosen Gedanken- und Gefühlswelt verlässt und sich eingesteht, dass er ein Nicht-Wissender ist, gerät er unversehens in die Erfahrung, dass er „nun schauen und preisen darf, was ihm vorher in seiner grübelnden Klage verschlossen blieb“ (A. Weiser).

Dieser plötzliche Wandel, dieses neue Vermögen verdankt er nicht seinem eigenem Bemühen, sondern der lebendigen Begegnung mit dem, den er vergeblich in seine Gegenwart zwingen wollte. In diesem Umschwung kommt der lebenspendende Kontakt zur Tradition wieder zustande. Der atl. Beter erfährt sich dankbar in einer Heilskontinuität stehend. Er sieht, dass sein Leben und die Geschichte seines Volkes in einem Sinnzusammenhang stehen. So findet er seine Identität, seine Mitte wieder.

V. 12–21: Er muss auch erkennen, dass Gott sein Volk zusammengeführt und durch alle Gefahren von „Wasser und Wüste“ gebracht hat, ohne dass jemand „seine Spuren erkannte“ (V. 20c). „Das Nahesein *ohne Spuren* (V. 20b) – ohne die augenfälligen Beweise seines Eintretens: das ist Gottes Weise, mit seinem Volk zu handeln. Und alle schöpferischen Wunder (V. 17 ff.) geschehen unter diesem Vorzeichen“ (H.-J. Kraus). So wird es dem Beter zur Gewissheit: Gott bleibt sich auch in der leidvollen Gegenwart treu, selbst wenn er für das menschliche Auge nirgendwo sichtbar wird. Er hat nicht vergessen, dass er „gnädig und barmherzig ist, langmütig und reich an Huld und Treue“ (vgl. V. 10, Ex 34,5; Ps 103,7). In diesem neu geschenkten Vertrauen wagt der Beter seinen Weg durch das Dunkel der Gegenwart weiterzugehen.

Vielleicht kann der Psalm eine Ermutigung sein, die Paradoxie meines Lebens: die Dissonanz meiner

Glaubensüberzeugungen und meiner Alltagserfahrungen auszuhalten und darauf zu vertrauen, dass *Gott JHWH* ist, dass er da ist, wo ich bin, auch wenn ich die Spuren seines Mit-seins erst im Nachhinein entdecke.

Psalm 84 – Wie liebenswert sind Deine Wohnungen, HERR

2 Wie liebenswert sind Deine Wohnungen,
Herr der Heerscharen![1]
Meine Seele verzehrt sich in Sehnsucht
nach dem Tempel des Herrn.
3 Mein Herz und mein Leib schreien
dem lebendigen Gott entgegen.
4 Auch der Sperling findet ein Haus
und die Schwalbe ein Nest,
ihre Jungen zu bergen,
so sind für mich Deine Altäre,
Herr der Heerscharen,
mein König und mein Gott.
5 *Selig*, die in Deinem Haus wohnen,
die Dich preisen allezeit.

6 *Selig* die Menschen, deren Stärke in Dir gründet,
die Pilgerwege in ihrem Herzen haben.
7 Ziehen sie durch's Tal der Dürre,
machen sie es zum Quellgrund,
ja, mit Segen bedeckt es der Frühregen.
8 Sie gehen von Kraft zu Kraft,
bis sie erscheinen (dürfen) vor Gott auf dem Zion.

9 Herr der Heerscharen,
höre doch mein Gebet,
lausche Du Gott Jakobs!
10 Unser Schild, sieh her, Gott,
und schau auf das Antlitz Deines Gesalbten!

---

1 Hebräisch: JHWH Zebaot.

11 Ja, besser ist ein Tag in den Höfen Deines Heiligtums
als tausend, die ich selbst gewählt hätte.
Besser an der Schwelle stehen im Haus meines Gottes
als wohnen in den Zelten der Frevler.
12 Denn Gott der Herr ist Sonne und Schild,
er gibt Gnade und Herrlichkeit.
13 Der Herr versagt Gutes denen nicht,
die ihr Leben auf ihn ausrichten.
Herr der Heerscharen,
***selig* die Menschen, die auf Dich vertrauen.**

Hinführung: Der Psalm gliedert sich in drei Strophen: V. 2–5. 6–8. 9–13. Die beiden äußeren Strophen sprechen vom Tempel, dem Haus JHWHs der Heerscharen, als Ort der Geborgenheit und Sehnsucht, sowie als Ort, wo Menschen, die auf ihn vertrauen, sein belebendes Wirken und seinen Schutz erfahren. Die mittlere Strophe preist die Menschen selig, die sich voll Sehnsucht dorthin auf den Weg machen, um sein Angesicht zu schauen und in seiner Gegenwart zu verweilen. Der zentrale Inhalt jeder Strophe wird jeweils in einer Seligpreisung zusammengefasst:

„Selig, die in Deinem Haus wohnen,
und Dich preisen allezeit“ (V. 5).
„Selig die Menschen, deren Stärke in Dir gründet,
die Pilgerwege in ihrem Herzen haben“ (V. 6).
„Selig die Menschen, die auf Dich vertrauen“ (V. 13).

1. **V. 2–5:** Fern vom Tempel preist der Beter mit großer Innigkeit das „Haus“ Gottes in Jerusalem. Es bewegt ihn zutiefst, dass es auf dieser Welt einen Ort gibt, wo JHWH „wohnt“, wo seine Nähe den Menschen zugänglich ist. Seine Seele, sein Herz und sein Leib

sind voller Sehnsucht nach diesem Ort der besonderen Gegenwart JHWHs, wo Menschen sich geborgen und aufgehoben wissen – wie der Sperling und wie die Schwalbe mit ihren Jungen. Er preist alle selig, die im Tempel ihren Dienst tun und dort wohnen dürfen, die ihre Hände erheben und den lebendigen Gott unablässig preisen. Vielleicht denkt er auch an die Bewohner Jerusalems, die immer zum Tempel gehen und an seiner Liturgie teilnehmen können.

Es braucht oft Zeit, bis ich mit der tiefsten Sehnsucht meines Herzens so in Berührung komme, dass sie mich ganz ausfüllt und bewegt. Die ersten Verse des Psalms können wie ein Gefäß sein, mit dem ich nach und nach meine ganze Wirklichkeit: Leib, Seele und Geist, auf Gott hin sammle und mit dieser Sehnsucht in Verbindung bringe, mit jener Suchbewegung, die Gott selbst mir ins Herz geschrieben hat. Im Wiederholen der Psalmworte kann diese Suchbewegung mich mehr und mehr erfassen und zu einer liebenden Grundausrichtung meines Lebens auf Gott hin werden. Wann immer und wo auch immer meine Sehnsucht bei ihm „ankommt“, werde ich seine Gegenwart spüren und mich bei ihm geborgen und aufgehoben wissen.

2. V. 6–8: Glücklich gepriesen werden die Menschen, die sich in JHWH „festgemacht“ haben, deren Kraft und Ausdauer aus der Überzeugung kommt, dass ihr ganzes Leben ein Pilgerweg zu Gott ist. Pilgerwege ziehen sich über weite Strecken hin. Sie brauchen Zeit und einen langen Atem. Das pilgernde Unterwegssein gehört zu den Grunderfahrungen unseres Menschseins. Wer sich dem Rhythmus des Gehens überlässt, kommt nach und nach zu sich, erfährt sich als Ganzheit und spürt, wo er mit sich identisch ist und wo nicht. Die rhythmische Bewegung des Gehens gibt Kraft und führt nicht zur Erschöpfung. Diese Erfahrung entfalten die beiden nächsten Verse in bildhafter Sprache: Wenn Menschen von der Sehnsucht nach Gott bewegt durch wasserlose, ausgedörrte Lebenslandschaften kommen, verwandeln sich diese in blühende Oasen. Sie haben in sich einen „Quellgrund", eine unerschöpfliche Kraftquelle, auch die trostlosen Wegstrecken ihres Lebens zu durchwandern. Sie gehen und werden nicht müde, sie schreiten „von Kraft zu Kraft", bis sie den Ort ihrer Sehnsucht erreicht haben und erscheinen dürfen vor Gottes Angesicht, bis seine Nähe sie umgibt und ganz erfüllt.

3. V. 9–13: Seine Bitte: „Schau auf das Antlitz Deines Gesalbten!" kann sich auf die Gemeinschaft des Gottesvolkes oder auf seinen Repräsentanten beziehen. Die Erfahrung, im „Haus" des Herrn mit anderen im Glauben verbunden zu sein, zusammen mit ihnen eine Heimat bei Gott zu haben – und sei es nur für einen Tag –, lässt ihn die Gottesferne und Gottvergessenheit „in den Zelten der Frevler" ahnen. Sie bestärkt ihn, seiner Sehnsucht nach dem lebendigen Gott weiter zu folgen. Denn JHWH ist „Sonne und Schild", Zeichen immer neu geschenkten Lebens und Schutz vor tödlicher Gefahr. Er gibt Anteil an seiner Herrlichkeit als Zeichen, von ihm persönlich angenommen und geliebt zu sein. Er lässt unser Leben zum Guten ausgehen, wenn wir ihm vertrauen und unser Leben auf ihn ausrichten.

Nach dem Ersten Testament wurden Könige, Priester und Propheten gesalbt zum Zeichen, das Gott in besonderer Weise mit ihnen ist und ihnen eine neue Autorität und Würde verleiht. Seit unserer Salbung mit Chrisam bei der Taufe sind wir königliche, priesterliche und prophetische Menschen. Gott hat uns ein Ansehen und eine Würde gegeben, die uns niemand nehmen kann. Vor keinem Menschen brauchen wir in die Knie zu gehen. Chrisam ist Olivenöl, dem Balsam und Gewürze beigemischt sind, sodass es einen Wohlgeruch verbreitet. Durch die Salbung mit Chrisam kommt so auch zum Ausdruck, dass von unserem Leben ein guter Geruch ausgehen soll, ein Duft von spiritueller Autonomie und Inspiration.

Wenn wir heute den Psalmvers beten: „Schau auf das Antlitz Deines Gesalbten!“, kann das eine Bitte für uns selbst sein. Die Erinnerung an das Geheimnis, wer wir in Wirklichkeit sind, kann uns neu berühren und unsere Sehnsucht nach dem lebendigen Gott beleben.

Psalm 88 – HERR, lass mein Schreien vor Dein Antlitz kommen

2 JHWH, Du Gott meiner Rettung,
am Tag und in der Nacht schreie ich vor Dir.
3 Lass mein Flehen[1] vor Dein Angesicht kommen,
neige Dein Ohr meinem (Schmerzens-)Schrei!
4 Denn mit Leid[2] ist meine Seele gesättigt
und mein Leben hat das Totenreich berührt.
5 Schon zähle ich zu denen,
die hinabsinken in die Grube,
ich bin geworden wie ein Mann,
in dem keine Kraft mehr ist.
6 Unter die Toten (bin ich) entlassen,
wie Erschlagene, die im Grab liegen,
derer Du nicht mehr gedenkst;
abgeschnitten sind sie von Deiner Hand.
7 Du brachtest mich in die unterste Grube,
in Finsternisse, in (Meeres-)Tiefen.
8 Auf mich hat sich Dein Grimm gelegt
und mit all Deinen Wogen hast Du (mich)
niedergedrückt.
9 Entfernt hat du mir meine Vertrauten,
Du hast mich zum Abscheu für sie gemacht.
Gefangen bin ich und komme nicht heraus.
10 Mein Auge erlischt vor Elend.

Ich rufe zu Dir, JHWH, an jedem Tag,
strecke aus zu Dir meine Hände.

---

1 Wörtlich: Bittgebet.
2 Wörtlich: Übeln.

11 Wirst Du an den Toten Wunder tun,
werden Schatten aufstehen, Dir zu danken?
12 Erzählt man im Grab von Deiner *Güte*,
von Deiner *Treue* in der Unterwelt?
13 Erkennt man in der Finsternis Deine Wunder,
Deine *Gerechtigkeit* im Land des Vergessens?

14 Ich aber, JHWH, schreie zu Dir um Hilfe,
am Morgen trete mein Gebet vor Dich hin.
15 Warum, JHWH, verstößt Du mich,
verbirgst vor mir Dein Angesicht?
16 Elend bin ich, ein Sterbender von früher Jugend an,
ich trage Deine Schrecken und erstarre.
17 Über mich ist hinweggezogen
die Glut Deines Zornes,
Deine Schrecken haben mich verstummen lassen.
18 Sie umfluten mich wie Wasser jeden Tag,
dringen auf mich ein von allen Seiten.
19 Du hast mir entfremdet Freund und Gefährte,
mein Vertrauter ist nur die Finsternis.

Hinführung: Ps 88 ist ein sorgfältig gestalteter dramatischer Text, der Gott in unverhohlener Direktheit für das Leid und das Elend verantwortlich macht, das den Beter wie eine gewaltige Sturmflut getroffen und ihm vom Leben abgeschnitten hat. Aufgewachsen in dem überlieferten Glaubenswissen, dass JHWH, der Gott Israels, ein Gott der Rettung, der Liebe und Treue und der Gerechtigkeit ist (V. 11–13), hat er selbst diesen Gott „von früher Jugend an" niemals erfahren. Er empfindet sein Schicksal, das „nur noch Sterben und hilfloses Warten auf den Tod ist" (E. Zenger), als massiven Widerspruch zu diesem Gott. Trotzdem will er an ihm festhalten – in der Hoffnung, dass der verborgene und rätselhafte Gott sein Rufen und Schreien hört, ihn sieht und sich seiner erbarmt. Es macht das Geheimnis dieses Psalms aus, dass es letztlich um diese Hoffnung wider alle Hoffnung geht. Der Beter will von ihr nicht lassen, auch wenn alles dagegen spricht, wie der abrupte Schluss es ausdrückt: Da ist „nur noch Finsternis."

Der Psalm lässt sich in drei Teile gliedern. Seine Struktur ist am Text deutlich abzulesen: 1. V. 2–10a, 2. V. 10b–13 und 3. V 14–19. Dreimal setzt der Beter mit einem aus der Tiefe seines Herzens kommenden Schreien und Rufen nach JHWH, den Gott Israels, ein (V. 2, 10,.14). Die laute Klage wird an allen drei Stellen noch mit Zeitangaben intensiviert: „Am Tag und in der Nacht" (V. 29, „an jedem Tag" (V. 10b) und „am Morgen" (V. 14.b).

Der erste und der dritte Teil sind aufeinander bezogen und umschließen den kürzeren mittleren Teil, der die Sinnachse, den Dreh- und Angelpunkt des Psalms bildet. Nur hier werden Eigenschaften JHWHs genannt, die seine Machttaten (Wunder) im Gegensatz zur erfahrenen „Finsternis" in Erinnerung rufen. Diese Eigenschaften JHWHs werden aber als rhetorische Fragen formuliert, um JHWH zu motivieren, sich ihm endlich als „Gott der Rettung" zu manifestieren.

Die innere Dramaturgie des Psalms erfährt im dritten Teil noch dadurch eine Steigerung, dass der JHWH-Name zweimal genannt und so die Intensität des Betens betont wird. Darüber hinaus fasst der Hilfeschrei am Ende: überall „nur Finsternis" den Psalm dramatisch wirkungsvoll zusammen.

1. V. 2–10a: Der Beter beginnt seine laute Klage mit der direkten Anrede: „JHWH, Du Gott meiner Rettung“. Er beschwört die großen Glaubenstraditionen, denen das Gottesvolk seine Existenz verdankt. Im Lauf seiner Geschichte hat Israel seinen Gott immer wieder als „Gott der Rettung“ erfahren. Mit dieser Anrede verbindet der Beter zugleich die Hoffnung, dass JHWH sein Elend sieht und sein Schmerzensschrei bis zu ihm durchdringt. Ununterbrochen, „bei Tag und bei Nacht“, sucht er Gottes Nähe und bringt seine Klage vor Gott – ohne Resonanz.

In bewegenden Worten und Bildern schüttet er vor Gott seine Not heraus (V. 4–6). Er empfindet sein Leben als ein kraftloses Dahinsiechen. In unmittelbarer Nähe zur Unterwelt (*scheol*) sieht er sich hilflos der Macht des Todes ausgeliefert. Er ist nur noch ein Schatten seiner selbst und kann die Distanz zu JHWH und der Welt der Lebenden von sich aus nicht überwinden. Auch von seiner Umwelt wird er so eingeschätzt, als habe JHWH ihn wie einen Erschlagenen seine schützende und rettende Hand entzogen und aus seinem Gedächtnis ausgelöscht.

Für das Leid und Elend seines Schicksals macht er Gott direkt verantwortlich (V. 7–10a): „Du“ hast mich in diesen Abgrund geschleudert. Wie eine gewaltige Sturmflut hat Dein Grimm mich getroffen und mich in tiefste Tiefen hinabgedrückt (V. 7–8). Noch schlimmer: Du hast mir die Nähe und Vertrautheit von Menschen entzogen und mich zum Abscheu für sie gemacht. Vom Leben gewaltsam ausgeschlossen, erlischt mein „Augenlicht“ (V. 9–10a).

Die ganze Brutalität und Tragik seines Lebens, die von ihm nicht auflösbare Widersprüchlichkeit seiner „Lebens“erfahrung und seines Glaubenswissens schleudert er dem „Gott seiner Rettung“ (V. 1) entgegen.

2. V. 10b–14: Wieder setzt der Beter mit der Anrufung des Gottesnamens JHWH ein und versucht, ununterbrochen, Tag für Tag, mit unverminderter Eindringlichkeit ihm die ganze Widersprüchlichkeit und Absurdität seines Verhaltens entgegen zu halten. Die rhetorischen Fragen (V. 11–13) sind wie ein Appell, doch endlich einzugreifen und sein Schicksal zu wenden. Sie beschwören die großen Glaubenstraditionen Israels, das Bild eines Gottes, das ihm seit seiner Jugend nahe gebracht wurde, und kontrastieren es mit der Finsternis und Totenwelt, in der er gefangen ist: *Wunder* als überraschendes rettendes Eingreifen JHWHs, seine *Güte und Treue* als verlässliche Zuwendung aus Langmut und Barmherzigkeit, *Gerechtigkeit* als Durchsetzung seiner Lebens- und Heilsordnung. Wie kann das alles zusammen gehen mit der Erfahrung von *Tot-sein, Schattendasein und Grab, mit Unterwelt und Land des Vergessens,* in dessen Anziehungskraft der atl. Beter geraten ist. Wenn JHWH als „Gott der Rettung“ (V. 1) im bedrückenden Alltag nicht mehr erfahren wird, wenn das Glaubenswissen im Leben der JHWH-treuen sich nicht mehr bewahrheitet, wenn von den sich selbst Überlassenen im Gottesdienst JHWH nicht mehr gefeiert und verkündet wird, gerät er dann nicht selbst in Vergessenheit?

3. V. 14–19: Doch damit will sich der Beter nicht abfinden. Die von Gott erfahrene Widersprüchlichkeit und Absurdität muss doch mal ein Ende haben. In immer wieder verstörenden und erschreckenden Bildern steigert er seine Anklage gegen JHWH und schleudert sie ihm schreiend entgegen: Die Wucht des göttlichen Zorns hat ihn so gepackt und erschrecken lassen, dass er (zeitweise) verstummt ist (V. 17). Alles, was ein Leben lebenswert macht, was ihm Sinn und Erfüllung gibt, hat Gott ihm genommen. Überall sieht er nur noch Finsternis und Gottesferne, kein Anzeichen, dass Gott überhaupt noch „da" ist. Und das widerspricht doch seinem tiefsten Wesen als ein „da"-seiender und rettender Gott (vgl. Ex 3,14). Immer wieder bringt er „am Morgen" seine (An-)Klage „vor Gott" in der Hoffnung wider alle Hoffnung, dass Gott sein Schreien hört und ihn der Macht der Finsternis entreißt.

Mit seinem Leben, mit seinem Glauben und seinem Gottesbild ist der atl. Beter in eine furchtbare innere Zerreißprobe geraten. Mit letzter Kraft bäumt er sich gegen sein Schicksal auf. Warum (wozu) verhält sich Gott so anders als ihm aus der Tradition bekannt ist? Die Enttäuschung, Verunsicherung und Orientierungslosigkeit, in die Gottes Verhalten ihn gestoßen hat, ist der tiefste Grund seines Leidens an JHWH. Gott hält nicht, was er verspricht. Der Beter gesteht sich diese Gedanken und Empfindungen ein und spricht sie mit unverhohlener Direktheit aus. Er fühlt sich von Gott buchstäblich im Stich gelassen.

Wenn in unserem Beten unser ganzes Leben „vor Gott" (V. 14) zur Sprache kommt, wenn unser Beten wahrhaftig ist, dann kann auch manches auftauchen, wovor wir vielleicht zurückschrecken, manches, das wir nicht wahrhaben wollen und uns mit verborgener Kraft einem Abgrund zutreibt. Der atl. Beter hat sich nicht gescheut, all das „vor Gott" auszusprechen, und vermutlich ist er dadurch über die Abgründe seines Lebens und seiner enttäuschten Glaubens hinweggekommen. Vermutlich fand er so aus der Sackgasse in eine geläuterte Gottesbeziehung zurück.

Psalm 88 fasst die ganze Qual seelischer Empfindungen leidender Menschen durch die Zeiten hinweg in Worte – Menschen, die es (vielleicht) nicht wagen, in einer so emotionalen Schärfe ihr Elend „vor Gott" herauszuschreien. Eine ähnlich Perspektive scheint sich nahe zu legen, wenn man den Psalm im Kontext der vier Korachiterpsalmen (Ps 84–85.87–88) liest.

Psalm 92 –
Du, HERR, hast mich froh gemacht

2 Gut ist es, *JHWH* zu loben,
aufzuspielen Deinem Namen, Du Höchster,
3 am Morgen Deine Güte[1] zu verkünden
und in den Nächten Deine Treue
4 zur zehnsaitigen Laute[2], zur Harfe[3],
zum Klang der Leier.

5 Denn Du, *JHWH*, hast mich froh gemacht
durch Dein Wirken,
über die Werke Deiner Hände juble ich:
6 Wie groß(artig) sind Deine Werke, *JHWH*,
wie unergründlich Deine Gedanken.
7 Ein Mensch ohne Einsicht erkennt das nicht,
ein Tor kann es nicht verstehen.
8 Wenn auch die Frevler emporsprießen wie Gras
und aufblühen alle, die Unrecht tun,
(dann nur) damit sie vernichtet werden für immer.
9 Doch Du bist hocherhaben auf ewig, *JHWH*.
10 Siehe Deine Feinde, *JHWH*,
siehe Deine Feinde gehen zugrunde!
Zerstreut werden alle, die Unrecht tun.
11 Doch du machst mich stark wie einen Wildstier[4],
überschüttest mich mit frischem Öl[5].
12 Mein Auge blickt herab auf meine Widersacher;

---

1 Hebräisch: chaesaed = Bundesschuld.
2 Tragleier.
3 Standleier.
4 Der Beter vergleicht sich mit einem kämpferisch-siegreichen Wildstiers mit erhobenen Hörnern.
5 D.h. grünes, frisch gepresstes Olivenöl.

vom Geschick derer, die sich in Bosheit
gegen mich erheben, hört mein Ohr.

13 **Der Gerechte wächst empor wie die Palme**[6]**,**
wie die Libanonzeder[7] **wächst er hoch,**
14 **gepflanzt im Haus** ***JHWHs***
wachsen sie empor in den Vorhöfen unseres Gottes.
15 **Sie tragen Frucht noch im Alter**[8]**;**
sie bleiben markig und frisch,
16 **um zu verkünden:** ***JHWH*** **ist gerecht,**
mein Fels ist er.
An ihm ist kein Unrecht.

Hinführung: Der kunstvoll aufgebaute Psalm gliedert sich in drei Teile: 2–4, 5–12, 13–16. Er beginnt mit einem hymnischen Aufgesang, der die Güte und Treue JHWHs verkündet. Im Hauptteil des Hymnus (V. 5–12) erzählt der Beter in den beiden äußeren Abschnitten (V. 5–7 und 11–12) von seiner Rettung und von der Einsicht in das wunderbare Wirken JHWHs, das er dabei gewonnen hat. Im Kontrast dazu schildern die beiden inneren Abschnitte (V. 8 und V. 10) das Schicksal der Frevler. Im Zentrum des Hauptteils (V. 9) besingt der Beter JHWH als den unanfechtbaren Herrscher der Welt. Der Schluss des Psalms (V. 13–16) zieht aus der im Hauptteil erzählten Erfahrung als Fazit die Sinn- und Lebensfülle der Menschen, die JHWH als dem unerschütterlichen Fels vertrauen und ihr Leben nach seinen Wei-

6 Die immergrünen Dattelpalmen werden bis zu 20 m hoch.
7 Die immergrünen Libanonzedern wachsen bis zu 40 m hoch.
8 Die Dattelpalmen werden bis zu 200 Jahre, die Zedern bis zu 3000 Jahre alt.

sungen „ordnen“. Der Psalm ist also konzentrisch aufgebaut.

Vom Anfang bis zum Ende durchzieht der Gottesname JHWH den Psalm, insgesamt siebenmal. Nach jüdischer Tradition ist die Siebenzahl generell die Zahl der Vollkommenheit, d.h. ein Hinweis auf die vollkommene Präsenz JHWHs.

1. V. 2–4: Der Psalm beginnt mit dem Impuls, JHWH zu danken, seinem Namen zu lobsingen, seine Güte und Treue zu verkünden. Der Hinweis auf seinen Namen erinnert daran, dass JHWH sich den Menschen offenbart und in der Geschichte handelt (vgl. Ex 3,13–15). Die in diesem Namen zusammengefasste Gotteserfahrung bezeugt seine Güte und Treue, zwei zentrale Wirkweisen JHWHs, mit denen er den Menschen nahe ist und sein geschichtliches Walten durchwirkt,

Das Wissen um seine Güte und Treue soll am Morgen, wenn die aufgehende Sonne den neuen Tag ankündigt, und in den von Schlaflosigkeit und den Schattenspielen der Angst geplagten Nächten in den Herzen der Menschen lebendig werden und Freude darüber aufkommen lassen, dass auch das eigene Leben in Gottes Heilswirken aufgehoben ist. Es sieht ja manchmal nicht danach aus, als würde unser Leben von Gottes Güte und Treue gehalten. Auch scheint das Ausmaß von Menschenrechtsverletzungen und die Bedrohung der Menschenwürde in großen Teilen unserer Welt eher nahezulegen, dass die Verlässlichkeit und Plausibilität von Gottes Heilswirken eine Illusion ist. Doch wer den Wesensimpulsen Gottes auf seinem Weg traut, wird am Ende seines Lebens wie Jakob bekennen: „Der Herr war mein Hirt mein Leben lang – bis auf den heutigen Tag“ (Gen 48,15).

2. V. 5–12: Der atl. Beter freut sich und jubelt über JHWHs machtvolles Wirken in seiner Schöpfung und in den Heiltaten an seinem Volk. Staunend bekennt er, wie unergründlich und großartig all das ist. Er erinnert damit an den Exodus aus dem Sklavenhaus Ägypten, die Rettung aus allen Gefahren von Wasser und Wüste während der vierzigjährigen Wanderschaft zum Land der Verheißung. Diese Erfahrung ist *das* Paradigma für das Heilhandeln JHWHs an seinem Volk und bezeugt, wie unfassbar seine Wege und seine Gedanken sind (vgl. Jes 55,8f.).

Der Beter erkennt in diesem Zusammenhang, dass der augenscheinliche Erfolg und die reale Macht der Frevler keinen Bestand haben. Die innere Dynamik ihrer Gesinnung und ihres Handelns ist destruktiv, sodass ihr Untergang nur eine Frage der Zeit ist. JHWH braucht gar nicht einzugreifen. Er überlässt sie – wie den Pharao – der selbstzerstörerischen Tendenz ihrer Absichten. Die Frevler gleichen dem Gras in der Steppe, das nach dem Spätregen im Frühjahr hervorsprießt und alles bedeckt, aber unter der Gluthitze der Sonne und dem heißen Südwind ebenso schnell wieder verdorrt und ohne tiefe Wurzeln nicht nachwachsen kann.

Zwischen dem Erfolg und dem Untergang der Frevler, zwischen ihrem Aufstieg und Fall besingt der Beter die unfassbare und unantastbare Hoheit und Größe Gottes: „Du bist hocherhaben auf ewig“ (V. 9). Die Gewissheit, dass die Macht des Bösen gebrochen wird und zerfällt, resultiert aus seiner eigenen

Rettungserfahrung. JHWH hat ihn kraftvoll und stolz gemacht wie einen kämpferischen Wildstier, der mit erhobenen Hörnern über seine Gegner triumphiert und der wie mit frischem Olivenöl überschüttet die Umkehrung der Machtverhältnisse feiert.

3. V. 13–16: Im Kontrast zum Schicksal der Frevler werden die Gerechten mit den in die Höhe wachsenden und sehr alt werdenden Palmen und Libanonzedern verglichen. Sie bleiben bis ins hohe Alter vital und fruchtbar, weil sie „im Hause JHWHs“ bzw. „in den Vorhöfen Gottes“ eingepflanzt sind und so in JHWH als ihrem Fundament eingewurzelt zur Fülle ihres Lebens reifen. Die Erfahrung der Fülle eines langen Lebens motiviert zum Lobpreis von JHWHs unverbrauchter Güte und Treue, in der seine Gerechtigkeit aufscheint. Damit stimmt er ein in das Resumé, das Mose am Ende seines langen Lebens Israel als Vermächtnis übergibt: „Er heißt: der Fels. Vollkommen ist, was er tut, denn alle seine Wege sind recht. Er ist ein unbeirrbar treuer Gott, er ist gerecht und gerade“ (Dtn 32,4).

Psalm 103 –
Lobe den HERRN, meine Seele

1 Lobe[1] den Herrn[2], meine Seele!
und alles in mir seinen heiligen Namen!
2 Lobe den Herrn, meine Seele,
und vergiss nicht, was er dir Gutes getan hat!
3 Er ist es, der dir all deine Schuld vergibt
und all deine Gebrechen heilt.
4 Er ist es, der dein Leben vor dem Untergang rettet
und dich krönt mit Güte und Erbarmen.
5 Er ist es, der dich mit Gutem sättigt, solange du lebst,
dass sich erneuert deine Jugend – wie beim Adler.

6 Taten des Heils vollbringt der Herr,
Recht verschafft er allen Bedrängten.
7 Er ließ Mose seine Wege erkennen,
die Kinder Israels seine Werke.
8 Barmherzig und gnädig ist der Herr,
langmütig und reich an Güte.
9 Nicht auf immer wird er rechten,
nicht ewig trägt er nach.
10 Er handelt an uns nicht nach unseren Sünden
und vergilt uns nicht nach unserer Schuld.
11 Denn so hoch der Himmel über der Erde ist,
so groß ist seine Güte über denen, die ihn fürchten.
12 So weit der Aufgang der Sonne entfernt ist
von ihrem Untergang,
so weit entfernt er von uns unsere Frevel.
13 Wie ein Vater sich seiner Kinder erbarmt,
so erbarmt sich der Herr über alle, die ihn fürchten.

---

1 Wörtlich: segne (stärkster Ausdruck für den Lobgesang),
2 Hebräisch: JHWH.

14 Denn er weiß, was wir für Gebilde sind,
er denkt daran: wir sind (nur) Gras.
15 Des Menschen Tage sind wie Gras,
er blüht wie die Blume des Feldes.
16 Fährt der Wind darüber, ist sie dahin,
der Ort, wo sie stand, weiß von ihr nichts mehr.
17 Doch die Güte des Herrn bleibt immer und ewig,
über denen, die ihn fürchten,
und sein Heilswalten erfahren noch Kinder und Enkel,
18 alle, die seinen Bund bewahren,
seiner Weisungen gedenken und danach handeln.
19 Der Herr hat im Himmel seinen Thron errichtet,
seine königliche Macht beherrscht das All.

20 Preist den Herrn, ihr seine Engel,
ihr starken Helden, die sein Wort ausführen,
die auf die Stimme seines Wortes hören.
21 Lobt den Herrn, ihr, seine Heerscharen alle,
ihr seine Diener, die seinen Willen ausführen.
22 Lobt den Herrn, ihr, all seine Werke,
an jedem Ort seiner Herrschaft.
Lobe den Herrn, meine Seele.

Hinführung: Der Psalm ist ein Lobpreis auf JHWH, der sein tiefstes Wesen am Sinai geoffenbart hat: sein Mit-sein, das verlässlich und unverfügbar zugleich ist und von absoluter Ausschließlichkeit (Ex 3,14; vgl. Ps 103,12) sowie seine unergründliche Barmherzigkeit, Güte und Langmut (Ex 34,6).

Der Text gliedert sich in drei Teile: Der Aufgesang (V. 1–5) mit der Selbstaufforderung, sich mit seiner ganzen Person JHWH zuzuwenden und sich zu vergegenwärtigen, was der Beter ihm in seinem bisherigen Leben alles verdankt. Der Hauptteil (V. 6–18) weitet den Lobpreis auf ganz Israel und seine Geschichte aus und besingt das Heilwirken JHWHs gegenüber seinem Volk, vor allem gegenüber den Bedrängten und schuldig Gewordenen. Der Schluss des Psalms (V. 19–22) bringt noch eine weitere (theologische) Steigerung und fordert alle himmlischen Mächte und kosmischen Kräfte auf, in den Lobpreis JHWHs einzustimmen.

1. V. 2–5: Der Beter beginnt mit einer zweifachen Aufforderung an seine „Seele", JHWH bzw. seinen heiligen Namen zu „segnen", d.h. den Namen zu lobpreisen, mit dem er sich dem Mose am Dornbusch (Ex 3,14) und beim Exodus (Ex 34,6f.) geoffenbart hat. Der heilige Name entspricht dem Wesen JHWHs: seinem unverfügbaren Mit-sein, seiner Güte und seinem Erbarmen. „Segnen" ist der stärkste Ausdruck für den Lobpreis und wird am Ende noch viermal wiederholt (V. 20 und 22). Der Beter ruft also sein Inneres auf, mit allem, was ihn ausmacht und in ihm lebendig ist, sich ganz auf JHWH hin zu öffnen. Dieser liebende Aufbruch des Herzens korrespondiert mit dem Nichtvergessen, das sein Herz mit Dankbarkeit erfüllt. Es überrascht vielleicht, dass es ihm nicht um Rettung vor äußeren Feinden geht, sondern dass JHWH ihm seine Schuld vergeben, ihn von Krankheit geheilt und vor dem Tod bewahrt hat. Das hebr. Wort *`awon* meint Sünde als Tat, die Leben zerstört und sie bezeichnet das Unheil, das daraus für den Sünder entsteht (E. Zenger). Der Beter erinnert damit an die Sinai-Erzählung mit dem *Bundesschluss* (Ex 19–24), dem *Bundesbruch* (Es 32) und der *Bundeserneuerung* (Ex 33–34). JHWH konfrontiert die schuldig Gewordenen mit ihrer Sünde. Sein Urteil aber macht sie nicht zunichte, sondern gibt ihnen Kraft und Motivation, sich von ihrem destruktiven Handeln abzuwenden. Seine Vergebung ermöglicht ihnen einen Neuanfang und eine neue Perspektive für ihre Zukunft. Dieses Paradigma göttlichen Handelns hat der Beter an sich selbst erfahren. Sein Leben und seine Beziehung zu JHWH haben sich erneut „beschwingt“ wie beim Adler, der sich von der Thermik in die Höhe tragen lässt. Sein liebendes Gedenken JHWHs bewirkt in ihm eine ungeahnte Erneuerung seines Lebensgefühls. Die erfahrene Vergebung ist ihm zum Hauptmotiv seines Lebens und Dankens geworden. Zu dieser lobenden Bezeugung des Segenshandelns JHWHs (*beraka*) will der atl. Beter auch alle mit ihm Versammelten motivieren. Jede Beraka umfasst die Anbetung JHWHs als des wahren und einzigen Gottes und die Erinnerung an seine Taten.

2. V. 6–19: Die Erfahrung von JHWHs „Taten des Heils“ an sich selbst wird dem Beter zum Schlüssel für das Verständnis von Gottes Handeln in der Geschichte Israels. Die heilsgeschichtliche Überlieferung bestätigt seine eigene religiöse Erfahrung. Das zeigt sich am Schicksal der „Bedrängten“, wie sie in der Sozialkritik der Propheten immer wieder laut wird (vgl. Am 4,1; Mi 2,2), vor allem aber nach dem Bundesbruch mit dem goldenen Stierbild am Sinai (Ex 32). Mose bittet JHWH, ihm doch seine Wege mit dem schuldig gewordenen Volk erkennen zu lassen (Ex 33,13). JHWH geht auf sein Verlangen ein und lässt ihn stellvertretend für das Volk erneut auf den Gipfel des „Berges“ steigen, um sich ihm in seinem tiefsten Wesen zu offenbaren und einen Wendepunkt in der Geschichte Israels anzukündigen. Im Augenblick der größtmöglichen Schuld seines Volkes sagt er ihm trotz allem seine Barmherzigkeit zu. Die eigentliche Befreiung Israels ist die Befreiung von der Sünde des Abfalls von Gott (Ex 20,1–5) und die Zusage des neuen Bundes mit ihm.

Doch JHWHs Barmherzigkeit nimmt den Menschen und sein Tun ernst. Sünde und Schuld bleiben nicht ohne Folgen. Alle Glieder einer Großfamilie sind davon affiziert. Aber JHWHs Güte und Treue ist unendlich größer als der Schaden, den die Menschen sich damit zugezogen haben. Sein Verzicht auf Vergeltung unterstreicht er mit einer viermaligen Verneinung: Er wird *nicht* immer von seinem Recht Gebrauch machen, *nicht* ewig ihnen ihre Vergehen nachtragen. Das Gleiche gilt für die Sünde, die sie begangen und die Schuld, die sie auf sich geladen haben. Gerade weil die Sünde die erschütterndste Wahrheit seines Lebens ist, erkennt der atl. Beter, dass Gottes Liebe und Treue größer ist als sein Zorn, der noch einmal Ausdruck seiner Leidenschaft und Zuneigung für sein Volk ist.

Die zentrale Aussage von V. 8 wird mit drei Vergleichen verdeutlicht: Selbst die unermessliche Höhe zwischen Himmel und Erde und der zeitliche Abstand zwischen Sonnenaufgang und -untergang können nicht adäquat beschreiben, wie weit der Herr die Schuld von uns entfernt. Deshalb zieht der Beter als dritten Vergleich JHWHs Liebe und Treue zum einzelnen Menschen wie zu ganz Israel heran. Seine ungebrochene Zuwendung umfasst die Lebensgeschichte Israels von seinen frühesten Anfängen bis in die

Zukunft hinein. Israel kann nur am Leben bleiben in der Liebe seines Gottes, die menschliches Begreifen übersteigt (vgl. Hos 11,1–11; Jer 31,8f.). Das hebr. Wort für die väterliche Barmherzigkeit JHWHs ist ein mütterliches Wort. Es leitet sich von *„raechem"* ab und heißt Mutterschoß. JHWH ist also mit seinem Volk so verbunden wie eine Mutter mit ihrem noch ungeborenen Kind in ihrem Schoß.

Dem göttlichen Erbarmen entspricht auf menschlicher Seite die Gottesfurcht als Ausdruck von liebender Nähe und ehrfürchtiger Distanz. V. 11 begründet das Erbarmen mit der Hinfälligkeit und Vergänglichkeit alles Sterblichen:

> Des Menschen Tage sind wie Gras,
> er blüht wie die Blume des Feldes.
> Fährt der Wind darüber, ist sie dahin, der Ort,
> wo sie stand, weiß von ihr nichts mehr (V. 15 f.).

Doch der Realismus menschlicher Hinfälligkeit und Endlichkeit wird zugleich mit dem Hinweis entkräftet, dass „die Güte des Herrn" nicht in die Unabwendbarkeit des Verfalls einbezogen ist. Sie bleibt „immer und ewig". Daran haben alle Anteil, die JHWHs unwiderrufliche Zusage im Herzen bewahren und ihr Leben nach seinen Weisungen ausrichten. Das ist lebendige, freisetzende Gottesfurcht.

Der letzte Vers des Abschnitts lässt vor dem Auge des Glaubenden die Königsherrschaft JHWHs erstehen. Seine Hoheit und Unzugänglichkeit symbolisiert seine Herrschaft über das All. Raum und Zeit vergehen vor der Erhabenheit Gottes, auf die der Beter gläubig schaut.

V. 20–22: Um aber Gott die Ehre zu geben, die ihm gebührt, reicht menschlicher Lobgesang nicht aus. Deshalb ruft er alle himmlischen Mächte und die ganze Schöpfung zum gemeinsamen Lob des Segenshandelns JHWHs auf. Wie vorher alle aufgefordert werden, die den Herrn fürchten, d.h. nach seinem Willen leben (V. 11.13.17), so werden im Abgesang die himmlischen Mächte genannt, „die sein Wort ausführen, die auf die Stimme seines Wortes hören", „die seinen Willen ausführen". Es ist also diese Überein„stimmung", diese Symphonie in der Ausrichtung auf JHWH, die dem wahren und einzigen Gott entspricht. Mit der letzten Zeile intoniert der Beter noch einmal den liebenden Aufbruch seines Herzens zu seinem Schöpfer und Erlöser.

Psalm 117 –
Lobpreist JHWH, alle Völker

1 Lobpreist JHWH, alle Völker,
rühmt ihn, alle Stämme (*ummim*)!

2 Denn mächtig waltet über uns seine Güte (*chaesaed*),
die Treue (*aemaet*) währt in Ewigkeit.

Hallejula

Hinführung: Psalm 117 ist der kürzeste Psalm der Bibel. Er ist eingebunden in die Komposition der Psalmen 113–118. Ihr zentrales Thema ist *JHWH als der einzig wahre Gott Israels und aller Völker.* Der Aufbau des Psalms zeigt folgende Struktur: 1. Aufruf zum Lobpreis JHWHs an alle Völker der Erde (V. 1). 2. Begründung: JHWHs Güte und Treue gegenüber Israel und allen Völkern (V. 2). 3. Aufruf zum gemeinsamen Lobpreis JHWHs an alle Völker und an Israel in der Weise des Halleluja-Rufs (V. 2c). Der Psalm beginnt und endet also mit der Aufforderung zum Lobpreis JHWHs. Diese Klammer oder Ringkomposition deutet darauf hin, dass der Lobpreis Gottes an kein Ende kommen soll.

1. V. 1: Der Psalm beginnt mit dem Aufruf an alle Völker der Erde, JHWH als den einzig wahren Gott zu loben. Diese Erkenntnis, dass JHWH der einzig wahre Gott ist, hat er ihnen durch seine Machttaten zugunsten Israels, vor allem durch seine Befreiung aus dem Sklavenhaus Ägypten und aus der babylonischen Gefangenschaft vor Augen geführt – gegen alle Mächte

und Gewalten. Nach Jes 42,1–9 geht die Initiative, das „Recht“, d.h. die Weisung Gottes, trotz aller leidvollen Erfahrungen der Unfreiheit und des Exils und gegen alle Hindernisse und Widerstände von Seiten Israels in die Völkerwelt hineinzutragen, von JHWH selbst aus. Er ist der Garant, der die Realisierung des göttlichen Auftrags überhaupt möglich macht. Er hält und stützt seinen „Knecht“, damit er unter den Anforderungen seiner Sendung nicht verzagt oder zerbricht. Mit einfühlsamen, fast zärtlichen Worten betont JHWH, dass der „Knecht“ sein Erwählter ist, für den er persönlich einsteht. Mit der Verleihung seines Geistes befähigt er ihn, die Völker von der Einzigkeit JHWHs zu überzeugen und ihnen die Erkenntnis zu vermitteln, dass Er *der Schöpfer und Herr des ganzen Universums* ist.

Der „Knecht“ wird bei der Durchführung seines Auftrags sich jeder Art von Gewalt enthalten. Gegen alle Zweifel betont das erste Gottesknechtslied, dass der Erwählte auf ruhige und friedliche Weise das „Recht“ JHWHs mit Sicherheit in der Völkerwelt etablieren wird. Er wird nicht aufgeben und nicht zusammenbrechen, sondern in der Kraft JHWHs seine Sendung erfüllen, bis die göttliche Rechtsordnung sich durchgesetzt hat. Die Weisung Gottes entspricht der Sehnsucht der Völker. Sie alle warten irgendwie auf die Weisung, die der „Knecht“ zu ihnen „herausbringt“. Sie umfasst Gottes Willen und will die Völker zu einem Leben befähigen, das auf ihn ausgerichtet ist und von ihnen als einzige unversiegbare Quelle des Glücks erfahren wird. Denn seine Weisung ermöglicht das Lebensrecht der Schwachen und schützt bedrohtes Leben.

Anders als in Jes 2,2–4, wo die Völker sich auf den Weg zum Zion machen, um von dort die Weisung JHWHs zu empfangen, ist der Weg hier umgekehrt: Der Knecht bringt die göttliche Weisung hinaus zu den Völkern.

Der „Knecht“ vergegenwärtigt also den von JHWH nicht aufgekündigten Bund (*berit*) mit seinem Volk, durch den die Völker teilhaben an dem Licht, d.h. an der Existenzerhellung. Im Neuen Testament wird der Knecht JHWHs („Gottesknecht“) mit dem Heilsauftrag Jesu, seinem stellvertretenden Leiden und Tod, sowie mit dem Auftrag zur Ausbreitung des Evangeliums durch die Kirche in Verbindung gebracht.

Mit dem Dienst seines Knechts öffnet JHWH selbst „blinde Augen“ und führt die im Dunkel ihres Welt- und Daseinsverständnisses Gefangenen heraus aus dem Kerker, aus dem sie sich nicht selbst befreien können. Was einst Mose für das Volk des Exodus war, das ist jetzt der „Knecht“ für das Gottesvolk und die Völker: der Mittler der Gotteswahrheit: „Ich-bin-der-ich-bin-da“. Zum Beweis seiner konkurrenzlosen Gegenwart in der Geschichte verweist er auf „die früheren Dinge“, die alle eingetroffen sind. Damit sind die Machttaten angesprochen, die das Gottesvolk im Verlauf seiner bisherigen Geschichte (bis zur Katastrophe des Exils) an sich erfahren hat.

Das Neue, das JHWH jetzt in Gang setzt, ist qualitativ so unvergleichlich, dass man sich nicht mehr an früheren Erfahrungen orientieren kann. Das Neue ist aus der bisherigen Geschichte Gottes mit seinem Volk und den Völkern schlechthin nicht mehr ableitbar. Aber so sicher wie „die früheren Dinge“ eingetroffen sind, so sicher wird das Neue, das JHWH ankündigt, sich zeigen. Denn sein Wort kehrt nicht leer zu ihm zurück, sondern bewirkt, was ihm gefällt, und lässt gelingen, wozu er es aussendet (vgl. Jes 55,11). In 45,22 lässt Deutero-Jesaja JHWH selbst zu den Völkern sprechen:

> Wendet euch mir zu und lasst euch erretten,
> alle Enden der Erde,
> denn ich bin Dein Gott und sonst niemand.

2. V. 2: Die Aufforderung an alle Völker zum Lobpreis JHWHs wird vor allem mit JHWHs unverbrauchter „Güte und Treue" (V. 2ab) begründet und damit an die „Gnadenformel" von Ex 34,6 angespielt." JHWH ist ein „barmherziger und gnädiger Gott, langmütig und reich an Güte und Treue", „der Frevel, Sünde und Schuld hinwegnimmt". Güte *(chaesaed)* hat ein breites Bedeutungsspektrum: „Liebe, Solidarität. Barmherzigkeit, Freundlichkeit, Uneigennützigkeit, Großzügigkeit, Hilfsbereitschaft" (E. Zenger). V. 2b ergänzt mit Treue (*aemet*) einen bedeutsamen Akzent: Die Güte JHWHs ist verlässlich – eine Verheißung, die JHWH erfüllen wird – auch für alle Völker, und das „in Ewigkeit". Gott will die Geschichte Israels zusammen mit allen Völkern in „Güte und Treue" vollenden. Darum richtet sich die abschließende Aufforderung zum Halleluja-Ruf an Israel und alle Völker der Erde zum gemeinsamen Lobpreis – eine Vision, dass sich die Völker von Israel zur Verherrlichung des einzig wahren Gottes inspirieren lassen. So ist der Psalm eine „hymnische Vorwegnahme der Wirklichkeit, die Gottes Güte und Treue herbeiführen wird" (E: Zenger).

Das Beten von Psalm 117 mag heute eine Herausforderung für unseren Glauben sein, dass die Anfänge, die Jesus mit seinem Wirken gesetzt hat, unaufhaltsam nach eigenen Wachstumsgesetzen zu ihrer vollendeten Gestalt, zur Gottesherrschaft reifen, auch wenn man im Augenblick nichts oder wenig davon merkt. Mit den beiden Gleichnissen von der selbstwachsenden Saat und dem Senfkorn (Mk 4,26–34) macht Jesus darauf aufmerksam, dass die Wachstumsgesetzte der Gottesherrschaft eine andere Dynamik haben als Erfolgsstrategien. Das Vertrauen in die allmähliche und unaufhaltbare Durchsetzungsfähigkeit des Gottesreiches unterstreicht Jesus mit dem Gleichnis vom Sauerteig (Mt 13,33). Wie ein wenig Sauerteig, verborgen in einer ungewöhnlich großen Menge Mehl allmählich und unaufhaltsam die ganze Teigmasse durchsäuert, so wird die Gottesherrschaft sich gegen alle Widerstände und Anfeindungen durchsetzen und alle Menschen und Völker „durchsäuern".

Psalm 122 –
Ich freute mich, als man mir sagte: „Zum Haus des HERRN wollen wir gehen!"

1 Ich freute mich, als man mir sagte:
„Zum Haus JHWHs wollen wir gehen!"
2 Nun stehen unsere Füße
in deinen Toren, Jerusalem.

3 Jerusalem erbaut als Stadt,
die fest in sich gefügt ist.
4 Dorthin zogen die Stämme hinauf,
die Stämme JHHWs,
wie es Gebot ist für Israel,
den Namen JHWHs zu preisen.
5 Ja, dort standen die Throne zum Gericht,
Throne für das Haus Israel.

6 Erbittet Frieden für Jerusalem:
„Befriedet sollen leben, die dich lieben.
7 Friede sei in deinen Mauern,
Zufriedenheit in deinen Palästen!"
8 Wegen meiner Brüder und Freunde
will ich reden für Frieden in dir.
9 Wegen des Hauses JHWHs, unseres Gottes,
will ich Gutes erflehen für dich.

Hinführung: Psalm 122 gehört zu der ursprünglich selbständigen Textsammlung (Ps 120–134) des Psalmenbuches. Er handelt wohl eher von einem „inneren Aufstieg" zu Gott als von einer realen Wallfahrt. Tempelwallfahrten sind vor der Makkabäerzeit historisch nicht nachweisbar (Dyma). Die zuversichtliche Grundstimmung dieser Texte darf nicht darüber hinwegtäuschen, dass sie in einer Zeit politischer Unterdrückung und inmitten eines unbarmherzigen existenziellen und spirituellen Überlebenskampfes entstanden sind. In dieser verzweifelten Situation gab die gemeinsame und vertrauende Hinwendung zu JHWH auf dem Zion in Jerusalem allen Anfechtungen und Bedrohungen zum Trotz ein Gefühl der Zusammengehörigkeit, Solidarität und spirituellen Beheimatung. Hier wuchs ihnen die Zuversicht und die Widerstandfähigkeit zu, ihre persönliche, soziale und spirituelle Identität zu behaupten.

Der Psalm lässt sich in drei Teile gliedern: V. 1–2; 3–5; 6–9. Die *erste Strophe* nennt das Ziel des gemeinsamen Pilgerwegs und die Ankunft der Pilgergruppe in den Toren Jerusalems (Gegenwart). Die *zweite Strophe* ist eine Hommage an die Stadt als ein Ort der Gemeinschaft und Geborgenheit und erinnert an ihre Anfänge als sozialer, politischer und spiritueller Mittelpunkt der Stämme Israels (Vergangenheit). Die *dritte Strophe* erfleht für Jerusalem inneren und äußeren Frieden (Zukunft). In Ps 122 wird also die Stadt Jerusalem mit dem „Haus JHWHs" als Ziel der Wallfahrt und als das religiöse, kulturelle und politische Zentrum Israels gefeiert.

V. 1–2: Der erste Abschnitt lässt in der Vorstellung des Beters den freudigen Aufbruch einer Pilgergruppe zur Wallfahrt nach dem „Haus JHWHs" in Jerusalem entstehen. Es ist eine (vorübergehender) Aufbruch von Menschen, die von der Härte des Überleben-*wollens* gekennzeichnet sind, die aber ihre Sensibilität nicht verlieren wollen gegenüber dem, was ihre alltäglichen Nöte und Sorgen übersteigt und sie aus der Vereinzelung in die Solidarität mit den anderen Glaubens- und Schicksalsgenossen zurückholt. Es sind Menschen, die, wie Jakob im nächtlichen Kampf am Jabbok, darum wissen, dass sie alles verlieren, wenn sie an Gott als letzten Halt und Sinn ihres Lebens nicht festhalten.

Wenn Menschen sich gemeinsam zu einem Ziel aufmachen, das die Enge und Bedrückung des Alltags für eine Weile hinter sich lässt und bei dem die Erinnerung an die Geschichte dieses Ortes auflebt, kommt Freude auf. Die Wallfahrt ist ein festlicher Zug mit Liedern und Instrumenten hinauf zum „Felsen Israels“ (vgl. Jes 30,29), zu dem Ort, wo „JHWH wohnt“, wo seine Nähe den Menschen zugänglich ist und Menschen in ihrem Glauben und ihrer Zugehörigkeit zusammenführt. JHWH schafft durch seinen Tempel ein Zuhause, auch für die vielen, die in der Diaspora wohnen, und festigt so die „kollektive Identität“ Israels.

V. 2 spricht von der Ankunft der Pilgergruppe „in deinen Toren, Jerusalem“. Die persönliche Anrede der Stadt auf dem Berg macht deutlich, dass die Wallfahrer eine persönliche Beziehung zu Jerusalem haben als ein Ort, der ihnen spirituelle Heimat und Gemeinschaft, Geborgenheit und Frieden gibt.

2. V. 3–5: Der zweite Teil beginnt pointiert mit der Nennung Jerusalems und beschreibt dann die Bedeutung der Stadt mit einem Rückblick auf ihre Anfangsgeschichte. Mit ihren weithin sichtbaren Mauern, Türmen und vorgelagerten Befestigungsanlagen war sie ein sicherer Versammlungsort. Mit ihrem monumentalen Steinhäusern/Palästen war sie ein wohlgeordnetes Ganzes, das Bild eines „architektonischen Kosmos inmitten einer vom Chaos bedrohten Welt“ (E. Zenger).

Das Hinaufziehen der Stämme nach Jerusalem erinnert nach Ex 23,17; 34,23; Dtn 16,16 an die jährlichen Wallfahrten zu den drei Hochfesten und damit an die Bedeutung der Stadt als zentrales Heiligtum des Zwölfstämmevolkes. Als Ziel dieser Wallfahrten ist ausdrücklich die Verherrlichung des Namens JHWH genannt: In gemeinsamen Dank und Lobpreis als personalen Ausdruck ihrer JHWH-treue werden die Ursprünge feierlich begangen.

Es ist für eine Glaubensgemeinschaft unerlässlich, dass sie um den Reichtum ihrer Traditionen weiß und sie in gemeinsamen Riten, Gesten und großen Erzählungen feiert, d.h. Traditionen, die die Freiheit und Würde des Menschen und die „unsäglichen „Nachrichten“ über Gott feiert und bezeugt, Geschichten, die von Gott erzählen, der die Armen und Verlorenen liebt und nicht verloren gibt. Es stärkt und bestätigt die Glaubenden, wenn man sich als Glaubenden zeigt. Jede Gesellschaft braucht für ihren sozialen Zusammenhalt Rituale; sie braucht eine Sprache, die noch Worte hat für die Zeiten der Not und für die dramatischen Stunden des Lebens.

V. 5 erinnert an die gesellschaftliche und politische Rolle der Stadt, als sie noch Residenz des davidischen Königshauses war und als wichtigste Aufgabe Recht und Gerechtigkeit für alle in Israel durchzusetzen und zu schützen hatte.

Die Hommage an Jerusalem umfasst also die Rolle der Stadt als kulturelles, spirituelles, gesellschaftliches und politisches Zentrum Israels.

3. V. 6–9: Der dritte Teil des Psalms knüpft an die in den ersten beiden Versen entworfene Situation an und umreißt für das in der Erinnerung wieder aufgelebte ideale Bild der Stadt Jerusalem mit dem „Haus JHWHs“ in seiner Mitte eine in die Zukunft weisende Vision: Der Beter wünscht sehnsüchtig, dass die Stadt innerhalb ihrer sicheren Mauern von innerem Frieden erfüllt sei und allen, die dort wohnen und zusammenkommen, Geborgenheit und spirituelle Beheimatung gibt. Alle, die Jerusalem lieben, die in ihrem Herzen eine tiefe innere Beziehung zu ihr haben, sollen aufgrund des friedlichen und sorglosen Zusammenlebens ihr Glück finden. Weil JHWH dort wohnt und alle Brüder und Freunde im Glauben dort mit JHWH eine Hausgemeinschaft bilden, wird Jerusalem wieder zur Stadt auf dem Berge und zum Licht, das leuchtet und wärmt. Dann werden sich „viele Völker auf den Weg machen und sagen: Kommt doch, wir wollen hinaufziehen zum Berg JHWHs, zum Haus des Gottes Jakobs. Er lehre uns von seinen Wegen, dass wir gehen auf seinen Pfaden“ (Jes 2,3). Dann erfüllt sich die Berufung und Sendung Abrahams, allen Menschen und Völkern zum Segen zu werden (Gen 12,3). Diese Vision von Jerusalem als einer Stadt solidarischer Gemeinschaft dürfte als kritisches Gegenbild zu den sozialen Verhältnissen in einer Zeit politischer Unterdrückung, sowie existenziellen und spirituellen Überlebenskampfes verstanden werden.

Psalm 130 –
Aus den Tiefen rufe ich zu Dir, JHWH

1 Aus den Tiefen rufe ich zu Dir, JHWH.
2 Mein Herr, höre doch auf meine Stimme!
Lass Deine Ohren aufmerksam sein
auf die Stimme meines Flehens um Gnade!

3 Würdest Du die Sünden behalten, JHWH,
mein Herr, wer könnte dann (vor Dir) bestehen?
4 Doch bei Dir ist Vergebung,
sodass man in Liebe und Ehrfurcht Dir dient.

5 Ich hoffe auf JHWH,
es hofft meine Seele;
auf sein Wort warte ich.
6 Meine Seele wartet auf den Herrn.
Ja, mehr als die Wächter auf den Morgen,
(ja, mehr als) die Wächter auf den Morgen.

7 Warte Israel auf JHWH!
Ja, bei JHWH ist Liebe und Erbarmen,
bei ihm ist Erlösung in Fülle.
8 Er ist es, der Israel erlösen wird
aus all seinen Sünden (und Schuldverstrickungen).

Hinführung: Der Psalmbeter weiß um den tiefen Riss, der vom Beginn der Menschheit an durch die ganze Schöpfung geht (Gen 2,16f. 3,2f. 10,19). Er weiß, dass unser Leben, unsere Geschichte, unsere konkrete Situation von der Unheilsgeschichte der Menschheit infiziert und real davon mitbestimmt ist. Wir sind in Unheilszusammenhänge hineingeboren und in Schuldzusammenhänge verstrickt, ohne dass wir sie selbst verursacht haben. Er weiß auch, dass wir uns ebenso wenig allein aus dem befreien können, was wir selbst dieser Schuld- und Unheilsgeschichte hinzugefügt haben. Sünde und Schuld gehören zur „ganzen Wahrheit“ unseres Lebens. Die Sünde ist eine Macht, die alle Dimensionen unseres Lebens durchdringt und sich destruktiv auf alle unsere Beziehungen auswirkt, nicht zuletzt auf die Beziehung zu uns selbst.

Sünde wird hier verstanden als die Weigerung des Menschen, seinen ursprünglichen Lebenssinn zu entsprechen, d.h. seine Freiheit schöpfungsgemäß zu gebrauchen: JHWH im eigenen Leben Gott sein zu lassen. Dabei geht es letztlich um die Weigerung, sich von ihm lieben zu lassen (vgl. Hos 11). Der Beter vertraut auf die Zusage JHWHs, dass er „ ein gnädiger und barmherziger Gott“ ist, „ langmütig, reich an Güte (*chaesaed*) und Treue“ (Ex 34,6). Seine Güte gehört zu seinem Wesen und seine Treue bleibt unerschütterlich, auch wenn die gemeinsame Beziehung starken Belastungen ausgesetzt ist.

Die vier Strophen des Psalms bilden eine Gesamtkomposition, wobei die ersten beiden Strophen (V. 1–4) JHWH direkt anreden, während die beiden letzten (V. 5–8) über JHWH in der 3. Person sprechen. Diese Zweiteilung wird noch dadurch betont, dass V. 1–4 als *Bitte an JHWH* gerichtet wird, in V. 5–8 das *Hoffen auf ihn* seinen Ausdruck findet.

Man kann den Psalm auch so lesen, dass V. 1–6 das Sündenbekenntnis des Beters und seine Hoffnung auf JHWH vor der Gemeinde beinhalten, V. 7–8 sein Bekenntnis vor JHWH und seine Hoffnung auf ihn als Aufforderung an die Gemeinde zu verstehen sind. Der Psalm gehört zu den „Wallfahrtsliedern", die auf dem Pilgerweg hinauf zum Tempel in Jerusalem gebetet bzw. gesungen wurden. Das zeigt seine „Wiederholungstechnik" (E. Zenger), die dem Psalm eine besonders intensive Gebetsdynamik gibt: In der ersten Strophe wiederholt V. 2c das in V. 2a gebrauchte Wort „Stimme" und verdeutlicht es als „Stimme meines Flehens um Gnade". In den ersten drei Strophen klingt in der Formulierung „JHWH, *mein* Herr" (V. 2ab; 3ab; 5a.6a) eine sehr persönliche Beziehung an, die der Beter wieder herstellen möchte, aber von sich aus nicht kann. Die dritte Strophe wiederholt in den beiden ersten Versen das Wort „hoffen" und präzisiert es in den folgenden beiden Versen (5c und 6a) und im Rückgriff auf die zweite Strophe als ein Warten auf Vergebung und Erlösung von der Last der Sünde. Dieses Warten verdeutlicht die vierte Strophe mit der Metapher der „Wächter, die auf den Morgen warten" (V. 6c und d), als ein Warten von besonderer Intensität: ein Harren auf Erlösung von allen persönlichen Sünden (V. 3a) und den Sünden der Gemeinde Israel (V. 8c). Diese Rückbezüge auf die drei ersten Strophe geben der letzten Strophe ein starkes Gewicht.

1. V. 1–4: Aus dem Abgrund seiner Gottesferne schreit der atl .Beter nach JHWH. Er hat sich in Schuldzusammenhänge verstrickt, aus denen er selbst sich nicht mehr befreien kann. Angesichts des Unheils, das er angerichtet hat und das nun wie Wasserfluten über ihn zusammenschlägt und in die Tiefe zieht, ruft er zu „JHWH, seinem Gott" und fleht ihn an, ihn doch aus dem lebensbedrohlichen Sog der Macht des

Bösen herauszureißen. Die Ergänzung der Anrede JHWHs mit „mein Herr“ (*adonai*), die er noch zweimal wiederholt (V. 2a. 3b. 6a), scheint darauf hinzudeuten, dass es einmal ein besonderes Vertrauensverhältnis gab, an das der Beter sich jetzt am Tiefpunkt seines Lebens erinnert und an das er nun wieder anknüpfen möchte. Alle Selbsterkenntnis ist schädlich, wenn sie allein vom Menschen ausgeht. Sie stärkt und befreit, wenn sie von Gottes Barmherzigkeit und bedingungsloser Treue zum Menschen verstanden und zugelassen wird. Mit neu aufgebrochenem Vertrauen und in gläubiger Gewissheit seiner Rettung wendet er sich also an „seinen Gott“.

Denn wollte Gott die Schuld des Menschen *und* das damit angerichtete Unheil *und* die daraus resultierenden Folgen um seiner Gerechtigkeit willen einklagen, könnte kein Mensch im Gericht vor ihm bestehen. Angesichts der universal mit dem Menschsein gegebenen Sündhaftigkeit und Schuldverstrickung appelliert der Beter an die Gnade „seines Herrn“. Bei ihm gibt es kein Aufrechnen und „Einfrieren“ der Sünden, weil Gott von seinem Wesen her Vergebung ist (vgl. Neh 9,17). Er wendet sich gleichsam gegen sich, um über alles menschliche Begreifen hinaus seine Liebe und Treue den Menschen neu zuwenden zu können. Darum wird er die selbstverschuldete Gottesferne des Menschen überwinden, das Dunkel seiner Gottesverweigerung durchstoßen und ihm eine neue Zukunft eröffnen, „sodass man in Liebe und Ehrfurcht ihm dient“ (V. 4c).

Darauf zielt alle Vergebung. Sie führt zur wahren Gotteserkenntnis und ermöglicht ein Gottesverhältnis, in dem die Liebe und Ehrfurcht nicht hinterfragbare Priorität ist (Dtn 6,4f.) Die „Gottesfurcht" ist der Anfang aller Weisheit (Spr 3,7). Sie befähigt den Menschen, in seinem (jeweils) Nächsten das Abbild seines Schöpfers zu erkennen.

2. V. 5–8: Die ihm neu aufgegangene Einsicht in Gottes Vergebungsbereitschaft stärkt die Hoffnung des Beters und die Ausdauer seines Wartens in der Überzeugung, dass JHWH „die Stimme seines Flehens um Gnade" erhört. Die wiederholte Metapher von den Wächtern, die aus dem Dunkel der Nacht sehnsüchtig auf den Anbruch des mit Sicherheit kommenden neuen Tages warten, veranschaulicht die Intensität seines Wartens und seiner Gewissheit als ein Harren auf Erlösung von der Last all seiner Sünden und all seiner Schuldverstrickungen (vgl. V. 3).

Der Beter wendet sich nun an Israel und fordert es auf, *wie er* auf JHWHs Vergebung zu warten, d.h. noch intensiver und ausdauernder als die Wächter auf den Anbruch des Morgens. Denn es kann darauf vertrauen, dass JHWHs Beziehung zu Israel bedingungslos ist. Seine Liebe und sein Erbarmen sind von grenzenloser Vergebungsbereitschaft. Er wird sein Volk aus dem unheilvollen Geflecht selbstzerstörerischer Abhängigkeiten befreien. Das gilt auch für die Zukunft. Denn nach Jeremia gibt es im Innersten des Menschen Abgründe, die eine tiefe Gotteserkenntnis und Nähe zu ihm auf Dauer unmöglich machen. Doch die Verderbnis, von der alle Schichten des Volkes betroffen sind, werden Gottes Heilspläne nicht zunichte machen. JHWH wird etwas qualitativ Neues und Unzerstörbares schaffen. Der neue Bund wird von einer nie dagewesenen Gottunmittelbarkeit sein. JHWH selbst legt seine Weisung (die Tora) in das Innere des Menschen, sodass sie zum unversiegbaren Quellgrund menschlichen Handelns wird: „Ich werde ihr Gott sein und sie, sie werden mein Volk sein" (vgl. Jer 31,31–34).

Dass Gottes Wesen Vergebung ist, zeigt die Erzählung von der auf frischer Tat ertappten Ehebrecherin im Johannes-Evangelium (8,1–11). Jesus spricht der Frau die Vergebung ihrer Sünde ohne jede Vorbedingung zu und befreit sie so zu einem Neuanfang. Er vertraut darauf, dass seine bedingungslose Zuwendung und Vergebung sie in ihrem Innersten berührt und zur Umkehr bewegt. Umkehr wird also hier als ein innerer Prozess verstanden, der durch Vergebung ausgelöst wird, nicht (mehr) als Voraussetzung und Bedingung für die Vergebung von Sünde und Schuld.

Ps 137 – An den Wassern Babylons saßen wir und weinten

1 An den Wasser(läufen)n Babylons
saßen wir und weinten,
als wir Zions gedachten.
2 An den Pappeln dort,
hängten wir unsere Leiern.
3 Denn dort verlangten unsere Zwingherren Lieder
und unsere Peiniger Jubel:
„Singt uns eins von den Zionsliedern!“
4 Wie könnten wir ein JHWH-Lied singen
auf dem Boden der Fremde?
5 Wenn ich Dich vergesse, Jerusalem,
soll meine Rechte sich vergessen,
6 meine Zunge soll an meinem Gaumen kleben,
wenn ich deiner nicht mehr gedenke,
wenn ich Jerusalem nicht erhebe
über all meine Freude.

7 Gedenke, JHWH, den Söhnen Edoms,
den „Tag Jerusalems“.
Sie riefen: Nieder, nieder mit ihr bis auf den Grund!
8 Tochter, Babel, du Gewalttätige,
selig, wer dir vergilt,
was du uns angetan!
9 Selig, wer deine Kinder packt
und sie am Felsgestein zerschmettert!

Hinführung: Der Anfang des Psalms blickt zurück auf die Zeit des babylonischen Exils. Die politische Existenz Judas war verspielt. Der letzte König, Zidkija, aus davidischem Geschlecht, musste mit ansehen, wie seine Söhne und seine führenden Leute niedergemacht wurden. Anschließend wurde er geblendet und mit einem Großteil der Bevölkerung gefesselt nach Babylon deportiert. Jerusalem lag in Trümmern, der Tempel war zerstört, die staatliche Ordnung zusammengebrochen und das geistige und religiöse Fundament Israels zutiefst erschüttert. *Heimat, König, Tempel, JHWH-Bund* waren wie Symbole einer unwiederbringlich untergegangenen Tradition.

Psalm 137 ist ein Bespiel, wie Israel an seiner geschichtlich gewachsenen Identität festgehalten hat, obwohl alles dagegen sprach. Das Exil führte nicht zum Ende der Geschichte Israels und seines JHWH-Glaubens, sondern zur grundlegenden Erneuerung des jüdischen Glaubens und der jüdischen Identität.

Der Psalm versucht darüber hinaus, im Bewusstsein von Erniedrigung und Ohnmacht an JHWH und seiner universalen Gerechtigkeit festzuhalten und ihm alles, also auch das eigene Schicksal, anzuvertrauen.

Der Psalm gliedert sich in zwei Teile: (V. 2–6 und V. 7–9). Im ersten Teil beklagen die Beter den inneren Konflikt, mit dem sie in der Exilssituation konfrontiert waren. Im zweiten Teil beschwören sie JHWH, auch selbst seine Bindung an sein Volk geschichtlich wirksam zu manifestieren und die von Edom und Babylon missachtete und zerstörte Rechtsordnung wieder herzustellen.

1. V. 2–6: Die Trauer über den Verlust von Heimat, König und Tempel saß tief bei denen, die die Zerstörung Jerusalems und die Deportation nach Babylon überlebt hatten. In einer ethnisch wie religiös-kulturell fremden Welt erfahren sich diese Menschen zutiefst erschüttert und ohnmächtig. Die Macht des Faktischen hat sie mit einer Wucht getroffen, dass viele von ihnen an der Macht JHWHs zweifelten. In den Augen der Babylonier war der Sieg über Juda und das Schicksal seiner Bevölkerung der Gegenbeweis zu den Zionsliedern, in denen JHWHs Bindung an Zion besungen wurde. In dieser Situation wollten die „Zwingherren“ von ihnen Zionslieder hören, um sie noch mehr ihre Ohnmacht spüren zu lassen – eigentlich eine Aufforderung an die Deportierten, ihre religiös-kulturelle Identität aufzugeben.

Doch der Beter hält an JHWH und seinen Zusagen an Zion trotzig fest. Was könnte ihm hier in der Fremde sonst noch Halt geben? Mit einer feierlichen Selbstverwünschung, bei der er als symbolischen Gestus mit seiner rechten Hand an seinen Hals fasst, schwört er, dass diese Hand sich vergessen und den Hals zudrücken werde, wenn er jemals Jerusalem vergessen sollte. Er würde also ersticken – realistisch dargestellt mit der Zunge, die bei einem Erstickenden am Gaumen klebt. Die Selbstverwünschung bezeugt zugleich die bedingungslose Bindung des Beters an JHWH und an Jerusalem.

2. V. 7–9: Im zweiten Teil des Psalms geht es nicht um Rache, sondern um die Wiederherstellung der universalen Rechtsordnung, die von Edom und Babylon missachtet und zerstört worden ist. Die Edomiter, nach biblischem Verständnis die Nachfahren Esaus, also ein Brudervolk, hatten bei der Eroberung Jerusalems durch die Neubabylonier (586 v.Chr,) sich auf die Seite der Großmacht gestellt und seither den Süden von Juda in Besitz genommen. Der Verrat des Brudervolkes und die unvorstellbare Brutalität Babylons dürfen nicht hingenommen werden. Dem Beter geht es um das Ende der Terrorherrschaft Babylons. Diese Weltherrschaftsideologie muss mit „Stumpf und Stiel" ein für allemal ausgerissen werden. Mit den „Kindern" sind die Kinder des Großkönigs gemeint, die für den Bestand der Dynastie stehen. Das Bild vom Zerschmettern der Kinder am Felsgestein des Straßenpflasters der Hauptstadt Babylon ist eine grausame Metapher für die Vernichtung dieser inhumanen Weltmacht. Angesichts der traumatischen Erfahrungen von Verlust und Vertreibung ist dieser Schlussvers 9 psychologisch verständlich.

Wer der Meinung ist, die beiden Seligpreisungen (V. 8 und 9) könne man nicht mehr beten, muss sich darüber im Klaren sein, dass man den im eigenen Herzen aufsteigenden Feindbildern ihre aggressive Destruktivität nur nehmen und in konstruktive Energie umwandeln kann, wenn man sie benennt und mit all der damit verbundenen Emotionalität vor Gott ausspricht, und sei das auch noch so schockierend. Der Weg zu Gott an der Wahrheit des eigenen Herzens vorbei ist eine gefährliche Illusion. Der Psalm kann ein Weg sein, eigene Hass- und Rachegefühle vor Gott auszusprechen und ihm zu vertrauen, dass er die Macht und den Willen hat, seine Gerechtigkeit in dieser Welt durchzusetzen. Das gilt umso mehr, wenn Menschen sich – aus was für Gründen auch immer – vorübergehend als konflikt- und versöhnungsunfähig erleben.

In der Dynamik des Psalters schließt Ps 138 ausdrücklich an die Situation der Israeliten im babylonischen Exil und ihrem Verzicht auf die „Zionslieder" sowie den „Seligpreisungen (V. 8 und 9) an und fordert dazu auf, im Angesicht von Babylons Falschgöttern in Richtung Jerusalem Lieder auf JHWH zu singen. Damit weist er die Einstellung von Ps 137 zurück.

Jesus verlangt in der Bergpredigt von seinen Jüngern eine Liebe, die selbst den Feind (*echtrós*) mit einschließt (Mt 5,44f.). Das gilt für jede Art von Feinden: für den Feind im persönlichen Bereich ebenso wie für den politischen Gegner oder den Menschen, der zu einer verfeindeten Gruppe, zu einem verfeindeten Volk oder zu einer verfeindeten Macht gehört. Jesus verbindet das Gebot der Feindesliebe noch mit der Aufforderung, für die Feinde, auch wenn sie uns verfolgen, zu beten. Seine Bitte, den Feind als Geschöpf Gottes in den Blick zu nehmen, kann unsere Gefühlsmuster und unsere Denkgewohnheiten verändern und destruktive Impulse wie Hass und Vergeltung umwandeln.

Das Gebot der Feindesliebe ist für Jesus *der Kern* aller Gebote, die zur „größeren Gerechtigkeit" führen und die Tora erfüllen. Der Schöpfer macht in seiner uneingeschränkten Zuwendung zu seinen Geschöpfen keinen Unterschied. Er lässt seine Sonne aufgehen über Böse uns Gute und lässt regnen über Gerechte und Ungerechte. Wenn wir in unserem Feind unseren Nächsten sehen und ihn mit Wohlwollen begegnen, erweisen wir uns als Söhne und Töchter des himmlischen Vaters und entsprechen seinem Willen.

Die Feindesliebe kann uns sehr schwer fallen, da sie sich nicht auf das natürliche Sympathiegefühl stützen kann, das uns mit unseren Freunden verbindet. Dennoch steht das Gebot der Feindesliebe nicht im Widerspruch zu unserem natürlichen Menschsein. Unser Menschsein ist und bleibt das Fundament der Solidarität, die uns mit allen Menschen verbindet, auch wenn sie durch Feindschaft ausgeblendet oder verstellt ist. Unser gemeinsames Menschsein hat seinen tiefsten Grund darin, dass wir alle Geschöpfe Gottes sind und dazu berufen, unser Leben in der ewigen Gemeinschaft mit ihm vollenden zu lassen.

Es würde aber die Grenzen unserer menschlichen Natur überstrapazieren, den Feind zu lieben, *weil* er uns feindlich gesonnen und darauf aus ist, uns Böses zu tun. Das wäre mit unserer natürlichen Selbstliebe nicht vereinbar und würde auch dem Wohl des Anderen widersprechen, da die Feindschaft auch für ihn selbst ein Übel ist, das ihn an der Entfaltung seines Menschseins hindert.

Auf dem Hintergrund der gebotenen Feindesliebe tragen wir Christen auch Verantwortung für politisches Handeln. Ohne den Einsatz für Frieden und Gerechtigkeit bleibt das Zeugnis des Evangeliums unglaubwürdig. Die von Jesus geforderte Feindesliebe hat auch eine „öffentlich-politische Dimension, die über natürliche Grenzen hinausweist“ (E. Schockenhoff).

Psalm 139 –
HERR, Du erkennst (liebst) mich

1 JHWH, Du erforschst mich und Du *erkennst* mich.

2 Du *erkennst* mich, ob ich sitze oder stehe;
Du durchschaust meine Gedanken von ferne.
3 Ob ich gehe oder ruhe, Du misst es ab;
mit all meinen Wegen bist Du vertraut.
4 Ja, es kommt kein Wort auf meine Zunge,
siehe, JHWH, Du kennst es schon ganz.
5 Von hinten und von vorn umgibst Du mich,
hast Deine Hand auf mich gelegt.
6 Zu wunderbar ist für mich dieses *Erkennen*,
zu hoch, ich kann es nicht begreifen.

7 Wohin könnte ich gehen, fort von Deinem Geist,
wohin fliehen vor Deinem Angesicht?
8 Wenn ich hinaufstiege zum Himmel, so bist Du dort;
wenn ich mich lagerte in der Unterwelt, so bist du da.
9 Nähme ich die Flügel der Morgenröte,
ließe ich mich nieder am Ende des Meeres,
10 auch dort würde Deine Hand mich führen,
Deine Rechte mich ergreifen.
11 Spräche ich: „Finsternis soll mich bedecken
und Nacht sei das Licht um mich herum!“,
12 so wäre auch die Finsternis nicht finster vor Dir,
die Nacht würde leuchten wie der Tag.
Finsternis ist vor Dir wie das Licht.

13 Ja, Du bist es, der mein Inneres geschaffen[1],
mich gewoben im Leib meiner Mutter.
14 Ich lobe Dich,

---

1 Meine Nieren.

dass ich so staunenswert und wunderbar geschaffen bin.
Wunderbar sind Deine Werke! Das erkenne ich wohl.
15 Meine Glieder waren Dir nicht verborgen,
als ich im Verborgenen gemacht wurde,
kunstvoll gewirkt in den Tiefen der Erde.
16 Deine Augen sahen mein Werden,
in Deinem Buch sind sie alle verzeichnet, die Tage,
die schon geformt waren,
als noch keiner von ihnen da war.
17 Aber für mich – wie schwer sind mir Deine Gedanken,
o Gott, wie gewaltig ist ihre Zahl!
18 Wollt ich sie zählen, sie sind zahlreicher als der Sand;
käme ich damit zu Ende, wäre ich noch immer bei Dir.

19 Wolltest Du, Gott, den Gottlosen töten;
Ihr Männer voll Blutschuld: Weicht von mir!
20 Sie nennen Dich in böser Absicht;
Sie erheben Deinen Namen zu Nichtigem
und widersetzen sich Dir.
21 Sollte ich die Dich bekämpfen, JHWH,
nicht auch bekämpfen,
und verabscheuen, die sich wider Dich empören?
22 Ja, mit aller Leidenschaft bekämpfe ich sie;
Feinde sind sie mir selbst.

23 Erforsche mich, Gott, und *erkenne* mein Herz,
prüfe mich und *erkenne* meine Gedanken!
24 Sieh, ob ich auf einem Weg des Verderbens bin,
und führe mich auf dem Weg des Uranfangs.

Hinführung: Der Psalm sucht inmitten einer schwer zu begreifenden Welt voller Gottlosigkeit und Gewalt einen Glaubensweg, der ihm Identität gibt und Zuversicht ermöglicht. Er lädt den Beter ein, sich auf einen Gebetsprozess einzulassen, wie ihn die Struktur des Psalms vorgibt: Der Rahmen „Du erforschst mich und Du erkennst (liebst) mich“ (V. 1) und „Erforsche mich und erkenne (liebe) mein Herz!“ (V. 23) zeigt die Dynamik der inneren Bewegung (vom geglaubten Glaubensinhalt zur Glaubenserfahrung) an, um die es dem Beter geht. Er sehnt sich danach, dass er die Liebe, mit der Gott jeden einzelnen Menschen begleitet, auch selbst erfährt. Dieser Rahmen umfasst den vierfach gegliederten Hauptteil: V. 1–6; V. 7–12; V. 13–18; V. 19–22. Der Schwerpunkt des Psalms liegt im vierten Abschnitt: Der Psalmist sucht im Angesicht von Unrecht, Gottlosigkeit und Gewalt eine persönliche individuelle Gottesbeziehung, wie JHWH sie vor allem der Vätergeneration am Sinai ermöglicht und gewiesen hat.

Der Psalm ist das Gebet eines Einzelnen, der mit prophetischer Leidenschaft sein Leiden an Gott, von dem er nicht loskommt, betend „durchbuchstabiert“. So erlebt er wie Jeremia (12,1–6; 5,10–21; 20,7–18) seine Inanspruchnahme durch JHWH auch als Last, die er leichter tragen könnte, wenn er JHWHs Nähe unmittelbar erfahren könnte.

1. V. 1–6: Mit dem ersten Satz des Psalms „JHWH, Du erforschst mich und Du erkennst mich“ bekennt sich der Beter zum Glauben an Gottes Nähe, dem sein Inneres, die Wahrheit seiner Person in ihrem Denken, Fühlen und Wollen vertraut ist. Zugleich ringt er um die persönliche Vergewisserung dieser Glaubenswahrheit. Dreimal verwendet er im ersten Abschnitt das Leitwort „erkennen“, das (auch) liebendes Interesse und Anteilnahme bedeutet (V. 1.2.6). Er ist davon überzeugt, dass JHWH alle seine Lebensvollzüge begleitet. Gott ist ihm näher als er sich selbst sein kann. Diese liebende Nähe JHWHs übersteigt sein menschliches Begreifen und lässt ihn staunen vor diesem Geheimnis.

2. V. 7–12: Der zweite Abschnitt spricht nicht von dem verzweifelten Versuch des Beters, sich der Nähe und Zuwendung JHWHs zu entwinden. Vielmehr bekämpft er seine Zweifel und Ängste, dass diese liebende Präsenz irgendwann und irgendwo Grenzen haben könnte. So durchschreitet er in seiner Vorstellung den Raum zwischen Himmel und Unterwelt (oben und unten), zwischen Ost (Morgenröte) und West (Ende des Meeres) und muss einsehen, dass JHWHs schützende und führende Hand ihn überall hin begleitet. Seiner Präsenz sind auch keine zeitlichen Grenzen gesetzt. Selbst Nacht und Finsternis, Zeiten von Unheil und Ausweglosigkeit können seine Nähe nicht beeinträchtigen. Sein Angesicht leuchtet auch in den schwersten und dunkelsten Stunden unseres Lebens, wenn wir meinen, von allen im Stich gelassen zu sein.

3. V. 13–18: Im dritten Abschnitt betrachtet der Beter die liebende Beziehung zwischen JHWH und ihm auf seine Ursprünge hin. Sie beginnt mit dem geheimnisvollen Entstehen und Werden im Leib seiner Mutter bzw. im Schoß der Erde. Mit dem Gestaltwerden im Mutterschoß ist auch die Dauer seiner Lebenszeit „im Buch des Lebens" aufgezeichnet, d.h. JHWHs liebende Nähe begleitet und führt ihn, damit alles seiner Vorsehung gemäß zur entsprechenden Zeit geschehen kann. Er ist es, der „die Zeiten in seiner Hand hält" (Ps 31,16). Das Geheimnis seines Lebens ist mit

dem Geheimnis von Schöpfung (Gen 2,7) und Erlösung (Ex 3,8) verwoben und stärkt sein Vertrauen in die Führung seines Lebens.

Dieses Hineingenommen-sein in Gottes unbegreifliches Schöpfungs- und Erlösungswirken gibt ihm ein Gefühl von Geborgenheit gegenüber der Angst vor den vermuteten Grenzen seiner Präsenz, wie er sie vorher (V. 7–12) geäußert hatte. Andererseits spürt er einen unendlichen Abstand gegenüber JHWH angesichts der Größe seines Schöpfers.

4. V. 19–22: Im vierten Abschnitt kommt der Beter zu dem eigentlichen Problem seiner Gottesbeziehung. Er sieht sich außerstande, seine bisherige Welt- und Glaubenssicht zusammen zu sehen mit der Realität, in der er lebt und mit der er sich tagtäglich auseinandersetzen muss. Da herrschen nicht Recht und Gerechtigkeit, Wohlwollen, Einfühlungsvermögen und Respekt. Vielmehr dominieren Unrecht und Gewalt, Menschenverachtung und Ausbeutung. Dafür sind Leute verantwortlich, die den Namen JHWHs im Munde führen, aber nicht daran denken, nach der Tora ihr Leben auszurichten; Menschen, an deren Händen Blut klebt und die mit Glück und Erfolg „gesegnet“ sind. Hier wird deutlich, dass Ungerechtigkeiten im gesellschaftlichen Zusammenleben die Beziehung zu Gott gefährden.

Doch sein Leiden an der (scheinbaren) Ohnmacht Gottes zieht ihn nicht auf die Seite dieser Mächtigen und Einflussreichen. Die im Gebet durchbuchstabierten Glaubenswahrheiten der ersten drei Abschnitte hat seinem Glauben neue Gewissheit gegeben und ihn für den Kampf gegen die Gottlosigkeit und die strukturelle Gewalt sozialer Ungerechtigkeit mit neuer Leidenschaft erfüllt. Er macht JHWHs „Sache“ zu seiner eigenen.

V. 22–23: Doch um seine Leidenschaft für die „Sache“ JHWHs zu stärken und den Belastungen der kämpferischen Auseinandersetzung gewachsen zu sein, bittet er Gott, dass seine liebende Präsenz für ihn unmittelbar erfahrbar bleibe, damit er den „Weg des Uranfangs“, den Weg, den die Mosegeneration geführt wurde, in Treue gehen kann.

Psalm 142 – Ich schütte vor Gott meine Klage aus

2 Mit lauter Stimme schreie ich zu JHWH,
laut flehe ich zu JHWH um Gnade.
3 Ich schütte vor ihm meine Klage aus,
tue ihm kund meine Drangsal.
4 Wenn auch mein (Lebens-)Geist schwindet,
so kennst Du doch meinen Pfad.
Auf dem Weg, den ich gehe,
stellen sie mir eine Falle.
5 Blicke ich zur Rechten und schaue:
Niemand ist, der mich beachtet.
Genommen ist mir jede Zuflucht.
Niemand fragt nach meinem Leben.

6 Geschrien habe ich zu Dir, JHWH,
ich sagte; Du bist meine Zuflucht,
mein Anteil im Land der Lebenden.

7 Höre doch auf mein Flehen,
denn ich bin arm und elend.
Errette mich vor meinen Verfolgern,
denn sie sind mir zu mächtig.
8 Führe doch mein Leben heraus aus dem Kerker,
damit ich Deinen Namen lobpreise.
Um mich werden sich Gerechte scharen,
denn Du tust mir Gutes.

Hinführung: Psalm 142 ist ein individuelles Klagelied. Sein Aufbau ist am Text gut erkennbar: Der Beter richtet seine laute Klage an JHWH, den er aber zunächst in dritter Person nennt (V. 2–3). In den beiden folgenden Versen spricht er JHWH direkt an und schildert ihm seine ausweglose Notlage (V. 4–5). V. 6 nimmt als starke Vertrauensäußerung eine zentrale Stelle ein. Er ist die Sinnmitte des ganzen Gebetes. Ihm folgen die Bitte um Errettung vor seinen übermächtigen Verfolgern, um Gott nach seiner Rettung (wieder) lobpreisen zu können, und am Ende die Zuversicht, dass andere JHWH-Treue sich ihm anschließen (V. 7–8).

Der Beter beschreibt seine ausweglose Situation nicht näher und charakterisiert seine Verfolger nicht weiter als mit der Feststellung, dass sie ihn heimtückisch zu Fall bringen wollen. Aus den beiden vorausgegangenen Psalmen 140 und 141 könnte man schließen, dass hier bösartige, gewaltbereite Menschen gemeint sind, die anderen Schaden an Leib und Leben zufügen: „Frevler", „Übeltäter"

1. V. 2–5: Der Beter beginnt seine Klage mit lautem Schreien, um sich bei JHWH Gehör zu verschaffen und die Gnadenlosigkeit seiner gegenwärtigen Situation vor ihm „auszuschütten", in die er unschuldig geraten ist. Er spürt, wie ihm seine Kräfte schwinden und er der Bedrohung nicht lange Stand halten kann. Doch trotz seiner verzweifelten Lage ist sein Vertrauen in JHWH als daseiender und rettender Gott ungebrochen. Er folgt unbeirrt den Weisungen JHWHs (der Tora) und wird dabei von heimtückischen Fallenstellern bedroht, die ihm nach dem Leben trachten. Er fordert JHWH auf, wahrzunehmen, dass niemand da ist, der ihm wohlwollend nahe ist und ihm beisteht. Jeder menschlichen und göttlichen Hilfe beraubt, erfährt er sich als völlig isoliert und der tödlichen Bedrohung hilflos ausgeliefert: „Niemand fragt nach meinem Leben“ (V. 5c).

2. V. 6: Im zweiten Teil erinnert der Beter JHWH daran, das er längst vor der aktuellen Notsituation sein Vertrauen auf ihn gesetzt hat. Für ihn war JHWH immer ein Ort der Zuflucht, ein Raum, in dem seine Hoffnung und Zuversicht wieder erstarken konnten. Seine Gottesnähe ließ ihn teilhaben am Leben, das alle erfahren, die sich an JHWH festmachen, auch wenn alles dagegen spricht. Dieses Vertrauensbekenntnis ist für den Beter die Grundlage für die folgenden drei Aufforderungen an Gott: *Höre, errette, führe heraus!*, aber auch für die am Ende noch einmal geäußerte Zuversicht.

3. V. 7–8: Mit der ersten Bitte um Erhörung fordert der Beter JHWH auf, ihm seine Hilfe nicht zu verweigern, da er arm und elend ist und in seiner Not Anspruch auf Gottes Zuflucht hat (vgl. Jes 25,4). Dann bittet er, ihn vor den Menschen zu erretten, die ihm nachstellen, weil er sich ihrer Übermacht nicht mehr erwehren kann. Schließlich verlangt er von JHWH, dass er ihn aus dem Dunkel und der Enge seiner prekären Situation heraus in die Freiheit führe, damit er wieder (mit anderen) JHWH aus ungeteiltem Herzen lobpreisen kann. Die dritte Bitte ruft Erinnerungen an den Exodus aus dem Sklavenhaus Ägypten und aus der babylonischen Gefangenschaft wach und unterstreicht noch mal die Dringlichkeit seines lauten Flehens. Der Psalm schließt mit einem Ausblick auf den Lobpreis in Gemeinschaft mit anderen JHWH-Treuen.

Jesus – von Jugend an mit den Psalmen seines Volkes vertraut – war nach dem Verrat und der Flucht aller Jünger als Gefangener des Hohen Rates ganz auf sich allein gestellt. Nur beim Vater fand er Zuflucht in seiner Verlassenheit. Der hl. Franz von Assisi hat am Abend seines Lebens (3. Oktober 1226) Psalm 142 als sein Sterbegebet gesprochen und im Vertrauen auf die Auferstehung seinen Brüdern ein letztes Zeugnis gegeben.

Psalm 146 – Ich will JHWH loben durch mein Leben

1 Hallelu-jah!

Lobe, meine Seele, JHWH!
2 Ich will JHWH loben durch mein Leben,
aufspielen meinem Gott, solange ich bin.

3 Vertraut nicht auf Fürsten,
nicht auf einen Menschen, bei dem es keine Rettung gibt.
4 Endet sein Atem, kehrt er zurück zur Erde;
an jenem Tag ist es aus mit seinen Plänen.
5 Selig, wer den Gott Jakobs als Hilfe hat,
wer seine Hoffnung auf JHWH als seinen Gott setzt!
6 Er ist es, der Himmel und Erde erschafft,
das Meer und alles, was in ihnen ist;
er ist es, der die Treue hält auf ewig.
7 Er ist es, der Recht schafft den Unterdrückten,
der Brot gibt den Hungernden.
JHWH befreit die Gefesselten.
8 JHWH gibt Licht den Blinden,
JHWH richtet die Gebeugten auf,
JHWH liebt die Gerechten.
9 JHWH beschützt die Fremden,
den Waisen und Witwen hilft er auf,
doch den Weg der Frevler lässt er ins Leere (Verderben) gehen[1].

10 JHWH ist König auf ewig,
dein Gott, Zion, von Geschlecht zu Geschlecht.

Hallelu-jah!

---

1 Wörtlich: (ver)krümmt er.

Hinführung: Der Psalm ist ein Hymnus auf die universale Königsherrschaft JHWHs, der – anders als die irdischen Herrscher – seine Macht in der freisetzenden und lebenfördernden Zuwendung zu den Unterdrückten, Rechtlosen und Leidenden ausübt.

Der Psalm hat einen klaren Aufbau. Er wird gerahmt von dem Hallelujah-Ruf (V. 1a und V. 10c). Der Hauptteil (V. 3–9) hat zwei Abschnitte (V. 3–4 und V. 6–9), die sich um die zentrale Aussage von V. 5 legen, wobei die beiden vorausgehenden Verse auf den unüberbrückbaren Gegensatz der weltlichen Herrscher zu JHWH, dem „Gott Jakobs", verweisen; und die vier folgenden Verse den Segensspruch überzeugend begründen.

1. V. 1–2: Der Psalm beginnt mit einer Selbstaufforderung zum Lobpreis JHWHs. Der Beter geht davon aus, dass der Lobpreis Gottes *die* Bestimmung des Menschen ist und dass im Lobpreis Gottes sein Leben zur Erfüllung kommt und seine Vollendung findet. „Gott loben" bedeutet vor allem ein Leben zu führen, dass den Weisungen JHWHs (der Tora) entspricht, also über sich hinausweit, an ihn erinnert und so zum Segen für andere wird (vgl. Gen 12,3).

Der Mensch ist nach dem Bild Gottes geschaffen, ihm ähnlich (Gen 1,27), und er ist gerufen, zu der einmaligen Ganzheit zu wachsen, zu der er von seinem Schöpfer angelegt ist. In dem Maß also, als wir uns zu diesem Bild gestalten lassen, loben wir Gott. Alles, womit wir uns im Leben und Handeln auf die Verherrlichung Gottes ausrichten, ist als „Dienst und Lobpreis" Gottes zu verstehen (Ignatius von Loyola). Lobpreis Gottes ist also ein ganzheitlicher

Lebensvollzug, der auf Dauer angelegt ist: „solange ich bin."

2. V. 3–4: Die beiden folgenden Verse warnen davor, sein Vertrauen auf menschliche Herrscher zu setzen. Mit dem Hinweis auf ihre Hinfälligkeit und Todverfallenheit ist der Psalm zugleich eine Absage an jede Form menschlicher Macht und Herrschaft über Menschen, mag sie sich auch noch so attraktiv inszenieren. Wer bei staubgeborenen Kreaturen und ihren Institutionen Halt und Heil sucht, wird auf Dauer weder das eine noch das andere finden. Bei näherem Hinsehen entdeckt man, dass bei der Absage die Sündenfallerzählung aus dem Buch Genesis mitschwingt, wonach die Rückkehr des Menschen zur Erde (*'adam* zu *'adama*) als Strafe für die Ablehnung von JHWHs Herrschaft und Lebensordnung verstanden wird. Unermüdlich haben die Propheten Israels diese Lebensordnung eingeklagt. An ihrem Schicksal kann man die vielfältigen negativen Erfahrungen mit königlicher Macht und struktureller Gewalt im Verlauf der Geschichte ablesen. „Man muss Gott mehr gehorchen als den Menschen" (Apg 5,29).

3. V. 5–9: Im Gegensatz zu der Warnung vor jeder Art von menschlicher Herrschaft über Menschen, die Gott als sein Abbild geschaffen hat, preist der Psalm nun den Menschen glücklich, der den „Gott Jakobs" als Hilfe hat und der seine Hoffnung auf JHWH als *seinen* Gott setzt. Mit „Jakob" wird an den besonderen göttlichen Schutz erinnert, den der Erzvater nach seiner Flucht vor Esau über zwanzig Jahre in der Fremde erfahren hat (Gen 28,15) und der am Ende seines Lebens in Ägypten bekannte: „Der Herr war mein

Hirt mein Leben lang bis auf den heutigen Tag" (Gen 48,15). Immer wenn Israel seine Hoffnung auf JHWH gesetzt und ihm allein vertraut hat, konnte es seinen Weg in die Freiheit von pharaonischen Mächten fortsetzen, bis es das Land der Verheißung erreichte. Es war ein mühsamer und immer angefochtener Weg aus der Menschenangst in die Gottesfurcht.

Die Seligpreisung begründet JHWHs lebenschützernde und lebenfördernde Zuwendung mit seiner umfassenden Schöpfermacht (Himmel, Erde, Meer und alles, was darin ist), die alles Geschaffene belebt und neu schafft (creatio continua) – mit Liebe und Treue „auf ewig". Dann entfaltet der Psalm an paradigmatischen Beispielen (V. 7–9), wie JHWH seine universal geltende Rechts- und Lebensordnung durchsetzt. Seine besondere Zuwendung gilt den Unterdrückten und Gebeugten, denen er einen Weg in das Licht und die Weite des Lebens ermöglichen will. Seine Schöpfung ist so reich und vielfältig, dass von allem Lebensnotwendigen *für alle* genügend da ist. Die Vision, dass die von Fronarbeit und Unrecht Niedergedrückten und Gebeugten sich in der Kraft Gottes aufrichten und ihre Würde als Abbild Gottes in Anspruch nehmen und behaupten, ist uns Menschen ganz tief eingestiftet. Zu den „Gerechten" am Ende von V. 9 gehören auch die Menschen, die sich für die Freiheit und Würde der anderen riskieren.

Schließlich schildert der Psalm JHWHs Verhalten gegenüber den rechtlosen und an den Rand gedrängten Individuen, die ohne soziales Netz um ihr Überleben kämpfen. Die „Frevler" aber, die JHWHs Rechts- und Lebensordnung missachten und das verzweifelte Schicksal der Unterdrückten und Leidenden verursachen oder zu verantworten haben, werden am Ende scheitern und alles verlieren.

Das Paradigma für den Aufbruch in die Freiheit, für das Unterwegsbleiben mit einem gläubigen Realismus ist der Exodus der Mosegruppe aus dem Land der Unterdrückung in ein „weites Land" (Ex 3,8). Von diesem fast endlos scheinenden Weg durch die Wüste mit seinen vielen Enttäuschungen, Strapazen und Bedrohungen muss Israel im Rückblick bekennen: „Vierzig Jahre lang war der Herr, dein Gott, bei Dir. Nichts hat dir gefehlt" (Dtn 2,8).

V. 10: Der Psalm schließt mit dem Wunsch, die Königsherrschaft JHWHs möge sich von Zion her universal und auf ewig durchsetzen. Der Beter hofft, dass Jerusalem durch eine fortschreitende innere Erneuerung als spiritueller Mittelpunkt für alle Menschen und Völker eine große Anziehungskraft ausüben wird.

Bei all den Schicksalen, denen einzelne Menschen und ganze Völker ausgeliefert sind, bei all dem Scheitern menschlicher Friedensbemühungen, bei den Unsicherheiten und Unwägbarkeiten menschlicher Existenz bricht immer wieder die Sehnsucht auf, dem Leben auch in seinen schwer erträglichen Seiten einen Sinn abzugewinnen und die sozialen und kulturellen Rahmenbedingungen so gestalten zu können, dass das Grundvertrauen ins Leben nicht zerstört wird. Menschen und Völker machen immer wieder die Erfahrung, dass sie aus eigenen Kräften an dieser Grundoption für das Leben scheitern.

Sie suchen nach Orientierung inmitten der Heillosigkeit ihres Scheiterns, eine Lebensordnung, die ihnen hilft, in Gerechtigkeit und Frieden miteinander zu leben. Mose hatte schon vorausgesagt, dass die Völker Israel wegen der Tora bewundern werden, vorausgesetzt, das es die Weisungen JHWHs in ihrem Herzen bewahrt und danach lebt (Dtn 4,5–8).

Psalm 150 – Alles, was Atem hat, lobe den Herrn

1 **Hallelu-jah!**

Lobt Gott in seinem Heiligtum!
Lobt ihn in seiner mächtigen (Himmels)Feste!
2 **Lobt ihn wegen seiner machtvollen Taten!**
Lobt ihn, wie es seiner gewaltigen Größe entspricht!

3 **Lobt ihn mit dem Schall des Widderhorns!**
Lobt ihn mit Standleier und Handleier!
4 **Lobt ihn mit Handtrommel und Tanz!**
Lobt ihn mit Saiten- und Flötenspiel!
5 **Lobt ich ihn mit klingenden Zimbeln!**
Lobt ihn mit Zimbelgeschmetter!

6 **Alles, was Atem hat, lobe den Herrn!**

Hallelu-jah!

Hinführung: Psalm 150 ist der abschließende Höhepunkt, der das ganze Psalmenbuch als Lobpreis deutet, d.h. wo immer ein Einzelner oder eine Gruppe (Gemeinde) einen Psalm betet oder singt, wird das als Teilhabe an dem kosmischen Lobpreis gesehen, der in „allem, was atmet", geschieht. Selbst wo die Erfahrung der Gottesferne schmerzlich beklagt wird, geschieht das letztlich in der Gewissheit, dass JHWH nahe und ansprechbar ist. Im Lobpreis kommen alle Formen der Gotteserfahrung zusammen. Der Psalm steht im Kontext der vier vorausgegangenen „Bücher", die jeweils mit einer eigenen Doxologie enden (Ps 41,14; Ps 72,18f.; Ps 89,53; Ps 106,48) und den Psalter in fünf Teile gliedern.

Zehnmal wiederholt der Psalm die Aufforderung: „Lobet!“. Zehn ist eine symbolische Zahl und bedeutet Fülle. Es geht also hier um die Fülle des Gotteslobs. Die Zehnerreihe wird zugleich mit den zehn Worten des Schöpfergottes in Gen 1 und mit den zehn Worten des Dekalogs (Ex 20) in Beziehung gesehen, d.h. auf die zehn Schöpfungsworte, die die Grundordnung des Kosmos konstituieren, und die zehn Worte der Weisung, die die Lebensordnung des befreiten Gottesvolkes bedeuten, antwortet der Psalter mit den zehn Worten des Lobrufs. Die Psalmen sind die Antwort Israels auf das Heilhandeln JHWHs in Schöpfung und Geschichte.

Der Psalm ist gerahmt von dem Refrain „Hallelujah!“ (Lobet JHWH), wobei „jah“ die Kurzform des Tetragramms JHWH ist. Die Zehnerreihe gliedert sich in zwei Abschnitte: V. 1b–2 und V. 3–6a. Die ersten vier Zeilen (V. 1b–3b) vermitteln ein Bild von JHWHs Gegenwart und Größe, die zweite Zahlenreihe (V. 3a–6a) einen lebendigen Eindruck von der vielgestaltigen Fülle musikalischer Gestaltung und Tanz bei seinem Lob.

Die zehn Imperative sind eine Aufforderung an die Gemeinde, den Lobpreis so authentisch und überzeigend zu vollziehen, dass dadurch „alles, was Atem hat“, gleichsam mitgerissen wird, in den Lobpreis einzustimmen.

1. V. 1–2: Die ersten drei Aufforderungen zum Lobpreis gelten JHWHs machtvoller Gegenwart „in seinem Heiligtum“, „in seiner mächtigen Himmelsfeste“ und „wegen seiner machtvollen Taten“. Von Ps 149 legt es sich nahe, dass mit seinem „Heiligtum“

die Gemeinde der JHWH-Treuen gemeint ist, in der er sich ein lebendiges Heiligtum geschaffen hat (vgl. Ex 19,3–6). In der Festigkeit des Firmaments, der „mächtigen Himmelsfeste", die sich über die gesamte Erde mit all ihren Lebewesen wölbt, sah Israel einen beeindruckenden Machterweis JHWHs. Bei den „machtvollen Taten" blickt Israel auf das gesamte Schöpfungs- und Geschichtshandeln JHWHs, vor allem auf den Exodus, durch den er sich den Göttern Ägyptens und dem Pharao gegenüber als mächtiger erwiesen hat (vgl. Dtn 3,24). Dazu gehört auch die Durchsetzung seines ordnenden Handelns gegenüber allen chaotischen Mächten.

Die ersten drei Imperative bilden zudem eine Steigerung: Von der lebendigen Gemeinde JHWHs öffnet sich der Blick auf die unbegrenzte Weite des Firmaments als Bild für die Schöpfung und von dort noch einmal auf den gesamten Verlauf der Geschichte. In all dem zeigt sich seine Präsenz und seine gewaltige Größe. Der Lobpreis soll also seiner unvergleichbaren und unbegrenzten Größe entsprechen. Dazu fordert der vierte Imperativ zusammenfassend und rückblickend auf.

2. V. 3–6: Im zweiten Abschnitt der Zehnerreihe sollen zum Lob der Größe JHWHs alle Musikinstrumente aufgeboten werden, über die Israel verfügt. Zunächst der Schofar, das *Widderhorn*. Man gebrauchte es im Krieg als Signalhorn. Mit ihm wurde zur Feier der großen JHWH-Feste gerufen und die *Krönung eines Königs* proklamiert. Mit dem Schall der Hörner ließ JHWH sein Erscheinen am Sinai ankündigen (Ex 19,16.19). Hier wird mit dem Schofar die Gegenwart JHWHs proklamiert.

Nach dem Widderhorn, mit dem man das Fest eröffnete, soll die große *Standleier* und die einfachere *Tragleier* zum Einsatz kommen. Mit dem Saiten- und *Flötenspiel* sowie den *Zimbeln* soll alles zum Klingen gebracht werden, was Israel an Saiten-, Blas- und Schlaginstrumenten aus seiner festlichen und musikalischen Tradition kennt.

Die erste Art, Zimbeln zum Klingen zu bringen, meint das kontinuierliche und vielleicht gleichmäßige oder rhythmische Aneinanderschlagen der kleinen metallenen Becken, die zweite Art das heftige Aneinanderschlagen, „ein Zimbelgeschmetter“, das alles übertönt und den Schlussakkord setzt.

Die ganze Komposition des Psalms läuft auf ihren überraschenden Höhepunkt des letzten Lobpreises zu (V. 6a). Alles zielt darauf hin: JHWHs Gegenwart in seiner Gemeinde, in Schöpfung und Geschichte lobpreisend zu bejahen und die gesamte Schöpfung mit all ihren Lebewesen in dieses fundamentale Ja zum Leben einzubeziehen; „Alles, was Atem hat, lobe den Herrn.“ Im Gotteslob entspricht der Mensch seiner Bestimmung und findet seine tiefste Erfüllung.

Nachwort

Der Reichtum der Psalmen, ihre facettenreich Weite und ihre Erfahrungstiefe haben dazu geführt, dass sie die Weltliteratur stärker beeinflusst haben als irgendein anderes Buch der Bibel. In der Begegnung mit diesem biblischen Texten wurden Menschen in einer Tiefe angesprochen, die an keine Zeit gebunden ist. Im 20. Jahrhundert gab es im deutschsprachigen Raum eine beachtliche Zahl bekannter Lyriker, die sich von den biblischen Vorlagen lösten, inhaltlich und formal neue Wege gingen, aber ihre biblische Folie noch durchschimmern ließen. Zu ihnen gehören u.a. Paul Celan, Rainer Maria Rilke, Nelly Sachs, Franz Werfel.

Aber im 21. Jahrhundert hat sich die moderne Psalmendichtung nicht mehr „mit kaum noch dechiffrierbaren Andeutungen und rätselhaften Verschlüsselungen" (Georg Langenhorst) begnügt. Sie braucht stärkere und eindeutigere Formen von Erkennbarkeit. Dies zeigen u.a. Ralf Rothmann, Uwe Kolbe, Christian Lehnert und nicht zuletzt Kurt Marti in seinem Alterswerk „Du" mit dem Untertitel „Rühmungen" (2007).

Literatur

Dieter Böhler, Psalmen 1–50, Herders Theologischer Kommentar zum Alten Testament, Freiburg 2021

Alfons Deissler, Die Psalmen KK 1. Teil: Ps 1– 41, Düsseldorf [3]1966

Ders., Die Psalmen, KK 2. Teil: Ps 42–89, Düsseldorf [2]1967

Ders., Die Psalmen, KK 3. Teil: Ps 90–150, Düsseldorf [1]1965

Abraham Joshua Heschel, Der Mensch fragt nach Gott. Untersuchungen zum Gebet und zur Symbolik, Berlin 2002

Samson Raphael Hirsch, Die Psalmen, übersetzt und erläutert, Frankfurt 1883, Nachdruck Basel 1995

Frank-Lothar, Hossfeld, Erich Zenger, Psalmen 51–100, Herders Theologischer Kommentar zum Alten Testament, Freiburg 2000

Dies., Psalmen 101–150, Herders Theologischer Kommentar zum Alten Testament, Freiburg 2008

Münsterschwarzer Psalter mit einem Nachwort von Norbert Lohfink, Münsterschwarzach [5]2020

Hermann Spieckermann, Psalmen, Band 1: Psalm 1–49, Altes Testament Deutsch Band 14, Göttingen 2023

Artur Weiser, Die Psalmen, Altes Testament Deutsch, Teilband 14/15, Göttingen [7]1966

Claus Westermann, Der Psalter, Stuttgart 1967

Erich Zenger, Psalmen, Auslegungen 1, Mit meinem Gott überspringe ich Mauern, Freiburg 2003

Ders. Psalmen, Auslegungen 2, Ich will die Morgenröte wecken, Freiburg 2003
Ders., Psalmen, Auslegungen 3, Dein Angesicht suche ich, Freiburg 2003
Ders., Psalmen, Auslegungen 4, Ein Gott der Rache? Feindpsalmen verstehen, Freiburg 2003